일제침탈사 37
바로알기

조선사편수회의 『조선사』

조선 역사를 어떻게 그려냈는가

● 하지연 지음 ●

동북아역사재단
NORTHEAST ASIAN HISTORY FOUNDATION

발간사

일본이 한국을 침탈한 지 100년이 지나고 한국이 일본의 지배로부터 벗어난 지 80년이 넘었건만 식민 지배에 대한 청산은 이루어지지 못하고 있습니다. 일본의 독도영유권 주장은 도를 넘어섰습니다. 일본은 일본군'위안부', 강제 동원 등 인적 수탈의 강제성도 인정하지 않고 있습니다. 일본군'위안부'와 강제 동원의 피해를 해결하는 방안을 놓고 한일 간의 갈등은 최고조에 이르고 있습니다. 역사문제를 벗어나 무역분쟁, 안보위기 등 현실 문제가 위기 국면을 맞고 있습니다.

한일 간의 갈등은 식민 지배의 역사를 어떻게 볼 것인가 하는 역사 인식에서 기인합니다. 역사는 현재와 과거의 대화이며 이를 기반으로 미래로 나아갈 수 있습니다. 과거 침략의 역사를 미화하면서 평화로운 미래를 말하는 것은 불가능합니다. 식민 지배와 전쟁 발발의 책임을 인정하지 않고 반성하지 않으면 다시 군국주의가 부활할 수 있고 전쟁이 일어날 위험성도 배제할 수 없습니다. 미래지향적 한일관계를 형성하고 나아가 동아시아의 평화와 번영의 기틀을 조성하기 위해 일본은 식민 지배의 책임을 인정하고 그 청산을 위해 노력해야 할 것입니다.

식민 지배의 역사를 청산하기 위해서는 식민 지배가 어떻게 이루어졌는지 그 실상을 명확하게 규명하는 일이 긴요합니다. 그동안 일본제 국주의에 맞서 조국의 독립을 위해 헌신한 독립운동가들의 활동을 찾아내고 역사적으로 평가하는 일에는 상당한 성과를 거두었습니다.

반면 일제 식민침탈의 구체적인 실상을 규명하는 일에는 충분한 노력을 기울이지 못했습니다. 제국주의가 식민지를 침탈했다는 것은 너무나 당연한 사실로 여겨졌기 때문에 굳이 식민 지배에서 비롯된 수탈과 억압, 인권유린을 낱낱이 확인할 필요가 없었는지도 모릅니다. 그러는 사이 일본은 식민 지배가 오히려 한국에 은혜를 베푼 것이라고 미화하고, 참혹한 인권유린을 부인하는 역사부정의 인식을 보이는 데까지 이르고 있습니다. 일제의 통치와 침탈, 그리고 그 피해를 종합적으로 조사하고 편찬할 필요성이 여기에 있습니다.

일제침탈사를 체계적으로 정리하는 일은 개인이 감당하기 어렵습니다. 이에 우리 재단은 한국학계의 힘을 모아 일제침탈사 편찬위원회를 꾸렸습니다. 편찬위원회가 중심이 되어 일제의 식민지 침탈사를 정치·경제·사회·문화 모든 방면에 걸쳐 체계적으로 집대성하기로 했습니다. 일제 식민침탈의 실체를 파악하기 위해 2020년부터 세 가지 방면으로 사업을 추진하고 있습니다. 하나는 일제침탈의 실상을 구체적이고 생생한 자료를 통해서 제공하는 일로서 〈일제침탈사 자료총서〉를 편찬합니다. 다른 하나는 이들 자료들을 바탕으로 연구한 결과물을 〈일제침탈사 연구총서〉로 간행합니다. 그리고 연구의 결과를 대중들이 이해하기 쉽게 〈일제침탈사 교양총서〉를 '바로알기' 시리즈로 간행합니다. '바로알기' 시리즈는 우리 중학교, 고등학교 학생들도 어렵지 않게 읽을 수 있도록 제작했습니다. 오랫동안 학계에서 공부해 온 전문가 선생님들이 일제 침탈과 관련된 다양한 주제를 집필해 주셨습니다. 이해하기 쉽도록 해당 주제를 사안별로 나눠 집필해서 가독성을 높였고 사진과 도표도 충분히 곁들였습니다. '바로알기' 시리즈를 통해 많은 시민과 학생들이 제국주의 일본의 한반도 침탈과 그로 인한 피해 실상을 바로 알 수 있게 되기를 바랍니다.

2025년

동북아역사재단 이사장

머리말

'조선사편수회'에 대한 우리 학계의 사전적 정의는 다음과 같다.

> 1925년 일본이 식민 지배를 합리화하려는 목적으로 일본인 역사가들과 이완용, 권중현 등의 친일 부역자들을 동원하여 왜곡된 조선 역사를 편술하기 위해 조선총독부 부설로 설치한 조선사 연구기관(『한국민족문화대백과사전』)

조선총독부는 일찌감치 데라우치 마사타케(寺內正毅) 초대 총독 때부터 조선에 대한 역사자료 수집을 위해 취조국(取調局)을 두고, 구관제도조사사업(舊慣制度調査事業)과 고적(古蹟)조사사업을 전개했다. 1915년에는 구관조사사업을 중추원으로 이관하고, 특별히 한국 역사 편찬을 위해 중추원에 편찬과를 만들고 『조선반도사(朝鮮半島史)』의 편수 업무를 시작했다. 그러나 조선총독부는 1919년 3·1운동을 계기로 조선민족의 강렬한 거족적 저항에 놀라, 『조선반도사』 편찬 작업을 중단하고, 다른 형태의 역사 편찬 작업, 즉 사료의 편년체적 집대성으로 방향을 돌렸다. 그것이 『조선사(朝鮮史)』 편찬이었다. 이를 위해 조선총독부는 1923년 12월 훈령 제64호로 조선사편찬위원회 규정을 공포하고 관계 관료와 일본인 및 조선인 역사학자들을 뽑아 고문과 위원으로 임명해 조선편찬위원회를 조직했다. 이어 1925년 6월에는 칙령 제218호로 조선사편수회관제(朝鮮史編修會官制)를 공포하고 조선사편수회로 기존 조선사편찬위원회를 확대·강화했다.

조선사편수회는 조선총독부 정무총감을 회장으로 하고 일본과 조선인 학자를 수사관(修史官)·수사관보(修史官補)로 임명해 조선사 편수 실무를 담당하게 했는데, 실질적으로 조선사편수회의 설립과 운영을 주도한 실세는 도쿄제국대학 교수 구로이타 가쓰미(黒板勝美, 1874~1946)와 나이토 고난(內藤湖南, 본명은 나이토 도라지오 內藤虎次郎, 1866~1934)이었고, 특히 구로이타의 역할이 가장 컸다.

당초 10개년 계획으로 조선사를 편수하려 했으며, 일본·한반도·만주 각지에서 기록·고문서·사적(史籍)문집·영정(影幀)·고지도·탁본(拓本) 등을 대대적으로 구입하고, 지방사 자료와 개인 소장 사료는 대여하여 등사하는 방법으로 수집했다. 또한 한국과 관계가 깊었던 쓰시마(對馬島) 도주(島主)의 고문서 자료를 구입했다. 이 사업은 총독부의 식민 통치 시정에 도움이 되어야 하는 국책사업이었던 만큼, 되도록 빨리 완수되어야 했다. 그러나 방대한 사료와 해독의 어려움, 참여한 일본인 역사학자들의 한국사에 대한 전문성 결여 등이 걸림돌이 되었다. 우여곡절 끝에 마침내 조선총독부의 편찬 의도에 맞추어 1938년에 총 37책의 『조선사』가 간행되었다. 또한 수집한 사료들 가운데 20종을 정리해 『조선사료총간(朝鮮史料叢刊)』으로 간행했다. 조선사편수회는 1945년 일본이 패망하면서 해산되었다.

그렇다면 우리는 조선사편수회와 『조선사』에 대해 어떻게 인식하고 있는가?

이 글의 서두에서 소개한 조선사편수회에 대한 사전적 정의에서 알 수 있듯, 이 기관은 일제가 운영한 어용적 성격의 조선사 연구기관이었다. 또한 『조선사』 역시 '민족의 정신을 함양하는 역할을 하는 한민족사를, 민족혼을 뺀 빈 껍질만 남은 역사로 만들기 위하여' 편찬된 것으로 평가되어 왔다.

그렇다면 조선사편수회와 『조선사』에 대한 학계의 본격적인 연구와 분석은 어떻게 진행되어 왔는가? 최근 김성민, 박찬흥, 서영희, 정상우 등의 전문적 연구가 쏟아져 나오면서 조선사편수회라는 기관의 구성과 출범, 구성원, 편찬 체제 및 방식, 편찬의 방향 등에 대한 세밀한 파악이 가능해졌다. 당연히 소위 관제 식민주의 역사학의 최고봉에 있었던 조선사편수회와 『조선사』에 대한 역사적 평가와 비판도 초창기 김용섭 등의 연구보다는 한층 그 실체에 접근할 수 있게 되었다. 그러나 '조선사편수회와 『조선사』가 식민 통치라는 불순한 정치적 의도를 갖고 일제가 왜곡된 시각에서 자의적으로 사료 선별을 하여 편찬한 식민주의 역사학의 결정체였다'고 간단 명료하게 결론을 내리는 일은 결코 쉬운 작업이 아니다.

왜 어려운가?

1945년 이후 조선사편수회 또는 『조선사』에 대한 연구는 한동안 이루어지지 않았다. 일본에서 조선사편수회의 『조선사』 편수와 사료 수집에 대해 처음으로 소개한 것은 1953년 나카무라 히데타카(中村榮孝, 1902~1984)

가 자신의 경험과 기억을 바탕으로 개괄적으로 쓴 글이라고 할 수 있다. 이 글은 『조선사편수회사업개요』를 참조하고, 당시 수사관(修史官)으로 사업에 주도적으로 참여했던 경험을 바탕으로 정리한 것이다.

1963년 일본조선연구소(日本朝鮮硏究所)에서 '일본에서 조선 연구의 축적을 어떻게 계승할 것인가'라는 대주제로 여러 차례 심포지엄이 열렸다. 그 가운데에는 조선사편수회 사업을 주제로 한 것도 있었다. 이 심포지엄에서는 조선사편수회에 수사관으로 참여했던 스에마쓰 야스카즈(末松保和, 1904~1992)가 주제 발표를 맡았고, 하타다 다카시(旗田巍, 1908~1994) 등이 토론에 참여했다. 여기서는 조선사편수회의 작업이 조선총독부의 식민 통치라는 정치성에서 벗어날 수 없었다는 점을 지적하면서도, 민간에서 새로운 자료를 수집·보관했다는 점에서는 긍정적인 측면도 있었다는 평가가 제기되었다.

한국에서 『조선사』를 최초로 평가한 것은 1966년 김용섭이다. 그는 "『조선사』는 단순한 통사가 아닌 하나의 사료집"으로 식민지 시기뿐 아니라, "기본 사료에 애로를 느끼는 사람은 지금도 이것을 사료로서 사용한다"고 평가했다. 다만 그는 『조선사』는 모든 사료를 넣은 것이 아닌 "그들(일본인)에게 유리하고 필요한 것은 되도록 많이 채록하고 한국사의 본질적인 문제나 민족문제 그리고 그들에게 불리한 것은 수록하지 않은" 것이라며, 사료의 '취사선택' 문제를 제기했다.

이만열도 김용섭의 견해를 계승했고, 이후 식민주의 역사학을 다룬 연구들에서 이런 평가가 인용·계승됐다. 사실 이러한 평가는 일반에서는 물론이고, 학계에도 현재까지 그대로 이어지고 있다. 그 뒤, 조선사편수회의 조직과 인적 구성, 활동 전반에 대한 정리와 본격적인 연구가 발표되기 시작했으며, 『조선사』와 같은 사서는 기사 선택의 편파성과 사실 왜곡의 위험성을 안고 있다는 지적도 제기되었다.

통사 방식으로 역사를 서술한 『조선반도사』와 달리, 『조선사』는 자료를 연대순으로 나열하는 편년체 방식으로 편찬됐다. 편찬 형식으로만 보면, 글을 쓴 사람의 의도나 역사관이 겉으로는 잘 드러나지 않는다. 사료집이나 색인집 성격의 책은 침략과 식민 지배를 정당화하는 역사관을 직접 제시했다고 보기는 어렵다. 그래서 출판 주체의 '식민성'을 파악하기도 쉽지 않다. 하지만 자료를 단순히 나열한 것이 아니라, 어떤 기준으로 골라내고 누군가가 선택해 배치한 것이라면 『조선사』는 결코 객관적이고 공정한 사료집일 수 없다. 겉으로는 근대 실증주의 역사학을 표방했더라도, 편찬 과정에는 편찬자의 관점과 의도가 충분히 들어갈 수 있다는 뜻이다.

이후 『조선사』의 편수를 실질적으로 주도한 구로이타 가쓰미가 일본의 식민 통치를 합리화할 목적에서 국책사업으로 추진했다는 연구들도 제기되었다. 이 역시 『조선사』가 확실한 목적과 의도를 가지고 편찬된 주관적 사료집임을 입증하는 연구들이다. 실제로 일본 메이지 시기의 동양적 사료 편찬 수법과 유럽의 근대 역사학 연구 방법을 결합해 국가사업으로 사료 편찬을 식민지 조선에 도입·적용한 것이 바로 『조선사』 발간이었다.

이마니시 류(今西龍, 1875~1932)는 일본인 역사가로서 처음으로 조선사를 주제로 박사학위를 받았다. 1910년 이래 총독부 촉탁과 경성제국대학 교수를 역임했으며, 『조선사』 제1·2편의 편찬 책임자였다. 이마니시는 편찬이 한창 진행 중이던 1926년, 조선사편수회의 사업은 "조선 사료의 편년적 편수이지 조선편년사의 편수가 아닌 것"이라며, 『조선사』가 '사료의 편년적 편성'임을 명확히 했다. 이렇게 사건과 이를 전하는 기사 내지 전거의 나열이다 보니, 『조선사』는 '색인' 혹은 '사료집'으로 평가받아 왔으며, 광복 이후에도 상당 기간 연구를 위한 주요 사료의 지위를 유지했다. 특히 한국에서는 1960년대 『조선사』를 '사료집'으로 평가하면서 사료의 '취사선택' 문제가 제기되었다.

한편, 『조선사』 편찬 당시 수사관으로서 편수 범례를 작성했을 뿐만 아니라 제4편의 편찬 책임자였던 나카무라 히데타카는 1980년 당시 도쿄제국대학 다나카 다케오(田中健夫), 다카사키(高崎)경제대학 교수 기타지마 만지(北島萬次)와의 대담에서 『조선사』를 '색인'이라고 평가했다. 또한 이 자리에서 다나카 다케오와 기타지마 만지는 자신들이 연구를 위해 『조선왕조실록』을 읽을 때 『조선사』를 활용하고, 이에 의지해 읽었음을 밝히기도 했다. 즉 『조선사』는 1945년 이후에도 한일 양국에서 활용되었으며 '사료집' 혹은 '색인'으로 평가받았다.

이후 『조선사』에 대한 평가는 이를 반복하고 있으며, 관련 자료가 적은 탓에 한동안 『조선사』에 대한 연구는 미진했다. 물론 최근 사료집으로서 『조선사』 제1편 제1권에 대한 분석이 발표되었다. 『조선사』 제1편은 고대사에 해당하는 668년까지의 사료들을 '조선 사료', '일본 사료', '중국 사료'로 나누어 각 1권(총 3권)으로 묶은 것인데, 이 연구는 그중 1권인 '조선 사료'를 대상으로 원사료와 『조선사』를 비교한 것이다. 제1편에서 원사료와 『조선사』의 비교가 가능한 것은 사료가 적은 고대 부분이라 전거가 아닌 사료를 그대로 싣고 있기 때문이다. 강문과 전거로만 구성된 제2편 이하에서는 비교 자체가 불가능하다. 이 연구에 따르면 『조선사』 제1편 제1권에는 기재 순서나 글자 오류가 11개, 편년이 확실하지만 빠진 부분이 15개 있다고 한다. 그러나 이러한 오류나 사료의 누락이 편찬자의 단순한 실수인지, 특별한 목적이 있었던 것인지는 알 수 없다고 한다.

『조선사』는 '색인' 혹은 '사료집'의 성격상 특정한 역사상을 제시하고 있지 않으면서도 워낙 방대한 양의 자료를 포함하고 있어 사실상 수록 자료와 『조선사』 자체를 일일이 대조하는 것은 보통 작업이 아니다. 설령

꼼꼼한 대조가 이루어진다고 해도 사료나 강문만으로는 『조선사』의 편찬자들이 해당 사료(혹은 사건)를 왜 선택했는지, 원사료에 있지만 『조선사』에는 왜 누락되었는지를 판별하기는 불가능하다. 이러한 이유로 『조선사』에 관한 연구는 활발하지 않았다. 예를 들어 어떤 한 논문에서 사료나 그 사료의 전거를 알려주는 각주만을 남겨둔 채 제목, 장절 구분, 서술 내용을 모두 지우고, 남아 있는 사료와 전거들을 편년에 따라 나열한다면 집필자가 어떤 의도로 해당 사료를 인용했는지를 판별하는 것은 불가능하다.

최근 정상우의 조선사편수회 연구는 이런 점에서 식민 통치책으로서 식민지 역사 편찬 사업의 전후 관계와 편찬 체제 및 편저자들의 구성과 역사 인식, 사업 내부의 갈등과 전개 과정을 세밀하게 분석한 점에서 큰 성과라고 할 것이다.

이렇게 조선사편수회와 『조선사』에 대한 식민주의 역사학의 정점으로서의 왜곡과 편파성에 대한 역사적 평가는 개인 연구만으로는 쉽지 않은 만큼 향후 시간을 갖고 각 시대별 전공자들의 공동 연구 작업을 거쳐 진행되어야 할 숙제인 것은 분명하다.

이 책은 그간 학계의 연구 성과를 토대로, 조선사편수회가 어떤 배경과 과정, 의도를 가지고 조직·설치되었는지, 이를 주도한 인물이나 기관은 누구였는지, 실제 사료 수집과 편찬에 투입된 연구자들은 누구였는지, 주로 어떤 사료들을 취사·선별하고 실었는지 등에 대한 전반적인 검토를 해 보고자 한다.

2025년 11월

하지연

차례

1

식민 통치를 하려면, 식민지를 알아야 한다

1) 통감부의 규장각 기록물 관리

1905년 11월 17일 을사늑약의 체결로 이듬해 1906년 2월 이토 히로부미가 초대 통감으로 부임했다. 이어 3월에는 「고문급참여관감독규정」이 공포되면서 일본인 고문과 참여관이 파견되어 대한제국의 내정을 장악해 나갔다. 6월에는 「통감부문서취급규정」이 제정되어 대한제국의 공문서 발송과 수수는 모두 통감이 장악하게 되었다.

1907년 헤이그 특사 사건을 빌미로 고종을 강제 퇴위시킨 일본은 제3차 한일협약, 이른바 '정미 7조약'을 체결해 이제 대한제국의 차관급 고위 관료는 일본인들로 채웠다. 같은 해 11월에는 궁내부 산하 기구 22개가 11개로 대폭 축소되었는데, 그중 규장각은 정식 직원이 8명에서 9명으로 늘고 명예관 10명이 추가되면서 오히려 그 업무가 확장되었다. 이는 일본이 규장각 기록을 정리·장악하기 위한 조치였다.

〈그림 1〉 창덕궁 주합루
정조 즉위년인 1776년 어제(御製)와 어필(御筆)을 보관하기 위해 건립된 2층 건물로, 1층에 규장각을 두었다. 왕이 직접 지은 글을 '어제'라 하고, 왕이 직접 쓴 글씨는 '어필'이라 하였다.
출처: 국가유산청 국가유산포털

1908년 9월에는 「규장각분과규정」을 제정해 규장각 산하에 전모과(典謨課), 도서과(圖書課), 기록과(記錄課), 문사과(文事課)를 설치하고, 기록과에서 공문서를 정리·분류하게 하고, 중요 기록을 편찬·보관하게 했다. 그리고 도서과에서 도서 정리 및 분류, 도서 보관 및 출납을 담당하게 했다. 참고로 전모과란 왕실의 족보인 『선원보첩(璿源譜牒)』의 편찬·수정 및 보관하고, 역대 국왕의 어제(御製, 임금이 지은 글), 어필(御筆, 임금의 글씨), 어진(御眞, 임금의 화상)의 제작·관리하는 등 기존의 봉모당(奉謨堂)의 업무를 관장했다. 문사과는 진강(進講), 대찬(代撰)에 관한 사항, 존호 및 시호에 관한 사항, 『일성록』 편찬에 관한 사항, 사책(史册)의 기초 및 수정을 담당했다. 전통적인 홍문관(弘文館)의 기능과 규장각이나 춘추관(春秋館)의 역사 기록, 편수 기능을 모은 분과였다.

규장각은 원래 『일성록(日省錄)』을 편찬하고, 『승정원일기(承政院日記)』를 비롯한 각 관서의 「일기(日記)」, 「등록(謄錄)」 등을 관리하고 있었다. 그런데 이 규장각이 대폭 확대되면서 기존에 소장되어 있던 전적 외에도 수많은 도서까지 관리하게 되었다. 홍문관과 시강원(侍講院, 왕세자의 교육을 담당하는 기관), 춘추관, 사고(史庫)에 소장되어 있던 도서들이 모였으며, 이들 도서는 무려 10만 여권에 달해 '제실도서(帝室圖書)'라 불리게 되었다. 특히 규장각 기록과는 사고(史庫)의 기록을 관리하게 되었고, 정족산, 태백산, 오대산, 적상산 사고의 장서도 모두 규장각으로 이관되었다. 또한 고종의 서재인 집옥재(集玉齋)에 있던 문헌들도 규장각 도서에 합쳐졌는데, 그중에는 19세기 이후 간행된 방대한 규모의 중국 도서도 포함되어 있었다. 그 밖에 정조 이후 궁궐 여러 곳에 흩어져 있던 사현각(思賢閣)·대축관(大畜觀)·연경당(演慶堂)·승화루(承華樓) 등에 소장되어 있던 도서들도 그 일부를 규장각이 관리하게 되었다. 즉, 통감부에서 대한제국의 역사 기록과 도서들을 모두 규장각으로 집중시켰고, 여기서 조선의 기록들을 총괄 정리·분류하면서 조선의 역사를 파악하고자 했던 것이다.

규장각은 소장 도서들과 기록물들을 정리하면서 1909년 6월 「궁내부기록편찬보존규정」을 만들었다. 이 규정에 따라 규장각 기록과는 현용기록과 비현용 기록을 관리하고, 편찬 및 보존까지 담당하도록 했다. 여기서 현용 기록과 비현용 기록이란 말은 기록학 용어이다. 현용 기록은 기관이나 조직에서 관련 업무가 계속 진행 중이고 그 기록이 업무 수행에 필요한 경우의 기록을 말한다. 업무가 종결된 후 참고로 활용하는 기록은 현용 기록이 아니라 준현용 기록이다. 반면 일정 기간 경과 후 종결되어 편철이 완료된 기록은 비현용 기록이라고 한다. 통감부 통제하에 규장각 기록과는 대한제국의 모든 행정 업무 문서와 역사 기록들을 보존할 것인지, 폐기할 것인지, 어떻게, 언제까지 보관할 것인지 등을 정리했다.

모든 기록물을 정리하는 목적은 그 기록의 보존뿐만 아니라, 활용, 즉 기록의 열람에 있다. 그렇다면 통감부가 왜 규장각을 장악하고, 기록물들을 관리했겠는가? 궁극적으로는 이 기록물들을 활용한 사업을 시행하기 위해 통감부 시기부터 일찌감치 조선의 역사와 각종 주요 관공서 기록물들을 체계적으로 정리·보존하기 시작한 것이다. 1909년 4월 「궁내부기록대출규정」이 마련되고, 6월에는 「궁내부기록편찬보존규정」이 제정되었다. 이에 궁내부 기록은 궁내부 직원에 한해 10일 이내 대출이 가능했다. 그리고 11월에는 「궁내부기록총목록」이 발간되어 기록의 보존과 열람을 위한 기초적 작업이 완료되었다.

〈그림 2〉 집옥재

집옥이란 '옥과 같이 귀한 보물을 모아 놓은 곳'이라는 뜻이다. 이곳에는 서양의 기계문명, 과학 서적 등을 포함해 총 4만여 권의 책이 보관되어 있었으며, 일종의 왕립도서관 역할을 했다. 현재 이 장서들은 서울대학교 규장각한국학연구원과 한국학중앙연구원 장서각에 소장되어 있다.

출처: 국가유산청 국가유산포털

한편 기존 규장각 소장 도서들은 『규장각서목』으로 정리했고, 새로이 규장각으로 옮겨진 집옥재 장서는 『집옥재서적목록(集玉齋書籍目錄)』, 『집옥재목록외서책(集玉齋目錄外書册)』, 『집옥재서목(集玉齋書目)』으로 정리되었다. 집옥재는 본래 1881년 창덕궁 함녕전(咸寧殿) 뒤편에 별당으로 지어졌다. 이후 고종이 거처를 경복궁으로 옮긴 뒤인 1891년, 경복궁의 북쪽 끝에 다시 지어졌다. 고종은 집옥재 옆 건청궁(乾淸宮)을 집무 공간과 생활 공간으로 사용하면서 집옥재에는 개화 정책 추진에 필요한 책들을 많이 갖추어 두었다고 한다. 또한 1908년에는 집옥재 소장 도서 4만여 권을 황실도서관 건립을 위한 '제실도서(대한제국 황실 도서관 소장 도서)'로 지정했다. 시강원의 장서는 『춘방장서총목(春坊藏書總目)』으로, 북한사고 장서는 『북한책목록(北漢册目錄)』으로 정리되었다. 이렇게 분류된 제실도서는 1909년 11월 『제실도서목록』으로 정리되었다. 1년 2개월에 걸친 정리작업으로 총 10만 3,680책이 정리되었고, 대출과 열람이 가능해졌다. 1910년 강제 병합 직후 규장각은 폐지되었고, 조선총독부는 대한제국의 공문서를 대대적으로 이관받았다. 1911년 2월에는 규장각 도서를 조선총독부 도서로 규정했고, 같은 해 6월에는 조선총독부 총독관방 취조국(取調局)이 대한제국의 정부기록류뿐 아니라 규장각 도서, 각종 역사

〈그림 3〉 반환된 오대산 사고본 실록
오대산 사고본은 1913년 도쿄제국대학 도서관에 기증 방식으로 반출되었으나, 1923년 관동대지진으로 대부분이 소실되었다. 화를 면한 오대산 사고본 실록 중 27책은 1932년 경성제국대학으로 이관된 뒤 서울대학교 규장각에 소장되어 있다.
출처: 국가유산청 국가유산포털

기록, 법전조사국의 구관제도보고서 등 관련 자료 일체를 정리하도록 했다.

2) 조선총독부 취조국 및 참사관실의 구관제도조사사업

1910년 8월 강제 병합 후 조선총독부 총독관방 아래에 취조국이 설치되었다. 취조국은 같은 해 10월부터 1912년 3월까지 기존 법전조사국이 담당하던 관습조사뿐 아니라 규장각으로부터 이관받은 도서와 역사자료를 정리하고, 대한제국의 공문서도 정리했다. 모든 정리작업은 조선의 상황을 파악하고, 효율적인 식민 통치를 위한 기초 작업이었다.

한편 강제 병합 후 한 달 만인 1910년 9월 30일, 「조선총독부취조국관제」가 공포되어 기존 법전조사국의 업무가 취조국으로 계승되었다. 취조국에서는 법전조사국이 수행해 오던 조사사업을 계속 추진하고, 법령의 입안과 폐지를 담당했을 뿐만 아니라, 조선왕조의 역사자료와 도서 정리까지 맡았다. 또한 토지제도, 친족제도, 종교제도 등 구관조사사업을 계승했다.

최조국 장관은 칙임관(勅任官)이었다. 칙임관이란 천황에게 임면권이 있는 고등 관료로, 1~9등의 고등관 중에서 1, 2등을 가리킨다. 3~9등은 주임관(奏任官)이라 하였다. 최고위급 관료에 해당하는 취조국 장관에는 도쿄제국대학 법학과 출신으로 일본 법제국 참사관, 대만총독부 참사관장, 통감부 참여관을 지낸 이시즈카 에이조(石塚英藏)가 임명되었다. 장관 아래에는 서기관 2명, 사무관 4명, 속(屬)과 통역생 12명, 위원 30명이 배치되었다. 위원은 학식과 명망이 있는 조선인 중에서 조선총독이 임명했고, 수

당으로 1년에 600원이 지불되었다. 조사 담당자로는 조선인 중에서 자료 파악이 가능한 사람을 임명했고, 역시 1년에 600원을 지불해 특별 대우를 해주었다. 조사위원으로 참여한 조선인에는 정만조(鄭萬朝), 정병조(鄭丙朝), 김한목(金漢睦), 김돈희(金敦熙), 송영대(宋榮大), 현은(玄檃), 김교헌(金敎獻) 등이 있었다. 이 가운데 정병조와 정만조 등은 규장각 부제학까지 지낸 명망 있는 조선의 학자였다. 부제학은 정3품 당상관직으로 고위급 관료였다. 그런 이들이 총독부 취조국의 위원으로서 일본이 조선의 구관제도를 조사하는 데 큰 공헌을 했다고 할 것이다.

조선총독부 취조국은 1910년 10월부터 1912년 4월까지 구관제도, 규장각 도서, 각종 기록정리업무를 총괄했으며, 1911년 6월에는 도서 11만 권, 정족산 사고 도서 3,000여 권 등을 인수해 체계적으로 정리했다.

1912년 4월 조선총독부 관제 개정으로 취조국은 폐지되고, 그 업무 일체는 별도 기구로 새롭게 설치된 조선총독부 참사관실로 인계되었다. 참사관실은 기존 취조국보다 조직과 인원이 대폭 확대되었다. 참사관실에서는 법전조사국과 취조국에서 하던 '구관제도조사사업'을 계속 수행했고, 민간에 흩어져 있던 도서와 사료 수집 업무를 담당했다. 또한 참사관분실까지 신설해 대한제국 규장각으로부터 인계받은 도서와 역사 사료를 정리하면서 분야별로 귀중한 사료를 발췌하는 작업을 담당하게 했다.

1912년 참사관실은 종친부 서고에 소장된 도서 전체 목록과 대장을 작성하고, 태백산과 오대산 사고본 정리 계획을 세웠다. 이어 1913년에는 도서의 권책 수·저자·출판 연도를 조사했으며, 새로 구입한 도서까지 포함해 조선 재래의 도서 분류 방식인 경(經)·사(史)·자(子)·집(集) 체계에 따라 분류했다.

참사관실의 기록과 도서의 분류작업이 어느 정도 진전되자 조선총독부 정무총감은 1913년 2월에 "조선고서 및 금석문 탁본 수집에 관한 건"이라는 통첩을 내려 각 도 장관과 도 경무부장에게 민간 보유도서, 금석문, 판문 등을 조사·수집하도록 지시했다. 그 결과 1,000여 종의 금석문을 비롯한 각종 고문서들이 수집되었다.

참사관실은 기존 취조국 관원이 그대로 이동했으나, 참사관실 내에 참사관분실까지 배치해 구관제도조사사업을 훨씬 체계적으로 수행하게 하였다. 참사관실에서 중추적 역할을 한 인물은 도쿄제국대학 법률학과 출신으로 외교관 겸 법제국 참사관을 지내고, 조선총독부 참사관을 맡았던 아키야마 마사노스케(秋山雅之介)였다. 그는 1916년에는 조선총독부 중추원 서기관장 업무도 담당했다.

참사관분실에서 근무한 조선인들 역시 취조국에서 이미 촉탁으로 활동하던 인물들이 참사관분실에도 위촉되었다. 규장각 도서의 정리와 해제는 정만조, 정병조가 담당했고, 역사서 편찬은 박이양(朴彛陽), 현은, 송영대, 김돈희가 담당했다. 실록에서 주요 기사를 발췌하는 작업은 정만조, 정병조, 유맹(劉猛), 구의서(具義書), 서상훈(徐相勛) 등이 담당했다.

3) 중추원의 『조선반도사』 편찬 기획

구관조사 업무는 1915년 4월 30일 「조선총독부중추원관제」가 개정되면서 다시 중추원으로 이관되었다. 본래 중추원은 조선총독부 출범 당시 대한제국의 고위 관료 출신 귀족이나 친일 협력 세력을 모아놓은 형식적인 자문기구였다. 그러다가 이제 구관조사라는 실제 업무를 부여받게 된

〈그림 4〉 중추원 건물
1910년에 설립되어 일제강점기 내내 존속했던 조선총독부 중추원의 2층 벽돌 건물이다. 원래 대한제국 시기 국가 재정을 맡아보던 탁지부의 증축 청사였지만 중추원이 전용했다. 건물은 현재 서울시 서소문별관 부근인 정동 1번지에 위치해 있었다.

출처: 『동아일보』, 2020. 9. 19.

〈그림 5〉 조선총독부 중추원 건물과 중추원 의관(1921년경)

출처: 국사편찬위원회, 우리역사넷

것이다.

병합 직후 조선총독부중추원관제에서는 중추원이 "조선 총독에 예(隸)하며, 조선 총독의 자순(諮詢: 윗사람이 아랫사람에게 의견을 물어 논함)에 응한다"고만 규정되어 있었다. 조직은 의장과 부의장 아래 고문 15인, 찬의 20인, 부찬의 35인으로 구성되었다. 중추원 의장에는 정무총감이 임명되었고, 부의장에는 김윤식(金允植)이 임명되었으나, 그가 1912년에 사임한 뒤에는 이완용(李完用), 박영효(朴泳孝) 등이 임명되었다. 중추원 고문에는 이완용, 박제순(朴齊純), 고영희(高永喜), 조중응(趙重應), 이용직(李容稙), 이지용(李址鎔), 권중현(權重顯), 이하영(李夏榮), 이근택(李根澤), 송병준(宋秉畯), 임선준(任善準), 이재곤(李載崑), 이근상(李根湘), 조희연(趙羲淵) 등 작위까지 받은 친일파들이 임명되었다. 출범 이후 중추원은 총독부 행사에 동원되거나, 총독 시정방침에 대해 훈시를 듣는 역할 외엔 자문기관으로서의 역할조차도 거의 수행하지 못했다. 그러나 1915년 관제 개정으로 조사기관의 역할을 담당하게 된 것이다.

그리하여 기존 취조국과 참사관실에서 진행하던 역사 사료 정리 작업은 1915년 5월 1일 자로 조선총독부 중추원으로 이관되었다. 중추원의 여러 사업 중 가장 중요한 것은 역사 편찬이었다.

> 구관조사사무 이관에 관한 이유서 중 중추원 직원 담당 사항으로 첫 번째 들 수 있는 것은 역사편찬이다. 참사관의 부신(副申)에도 역시 조선사 편찬을 중추원의 사무 중 첫 번째로 들고 있다. 조선사 편찬은 제도 및 구관조사사무 중 당연히 포괄되어야 하는 것으로 구관조사의 방계사업이 아니라는 것은 명확한 것이라고 하지 않을 수 없다.
>
> 조선총독부 중추원, 『朝鮮舊慣制度調査事業概要』, 1938, 137쪽.

조선의 관습을 조사하는 구관조사에서는 조선의 전통문화와 제도에 정통한 조선인 지식인들의 협조가 절대적으로 필요했다. 중추원은 대한제국 시기에 설치된 정부 기구 중 하나로, 총독부 체제하에서도 외형을 그대로 유지했고, 조선인을 위해 설치한 기구였다. 그리고 조선인 입장에서는 지방 하급 관료가 아니라 중앙부서에서 고위급 관료로 활동할 수 있는 기구였다.

야마가타 이사부로(山縣伊三郎) 정무총감은 중추원 의장으로서 중추원 고문 이하 찬의, 부찬의 등을 소집해 조선총독부중추원관제 개정의 취지에 대해 다음과 같이 설명했다.

> 중추원 의관 중 조선에 있는 사항에 정통하고 조사에 적절한 소양이 있는 자가 있으니, 구관 및 제도조사사무를 중추원에 이동하는 것은 실로 적당한 조치이다.

이는 그동안 취조국, 참사관실 등 총독부 일본인 관료가 주도해 오던 구관조사 업무가 조선인 중심의 중추원으로 이관된 배경을 설명한 것이었다. 또 종래 구관조사가 주로 민사 법규에 속하는 관습을 조사해 온 것과 달리, 이제는 습관, 풍속, 제도, 고금의 사실(事實)까지 조사할 것을 지시했다. 중추원은 취조국과 참사관실에서 수집한 역사 사료와 도서들을 바탕으로 '반도사'를 편찬하고자 했다. 자료수집이 어느 정도 되었으니, 이제 식민 통치 당국이 의도하는 역사서를 편찬하겠다는 것이다. 사실 반도사 편찬 사업은 중추원에 구관조사사무가 이관되기 전부터 이미 그 필요성이 인식되고 있었다.

취조국, 참사관실 단계의 구관조사 실무 책임자였던 오다 미키지로(小田幹治郎, 1875~1929)가 1915년 5월 17일 자로 중추원 서기관을 겸직하게 되었고, 아키야마 마사노스케 참사관은 1916년 11월 4일 자로 총독 관방 외사과장으로서 중추원 서기관장 업무까지 관장하게 되면서 중추원은 참사관실의 구관조사 업무를 그대로 승계하게 되었다.

구관조사를 위해 1916년 1월 1일 자로 위촉된 중추원 조사위원은 취조국 때부터 참여했던 사람들을 그대로 유지했는데, 일본인 지바 마사타네(千葉昌胤)와 조선인 박이양, 현은, 김교헌, 송영대, 김한목, 박종렬, 김돈희 등 8명이었다.

한편, 중추원이 구관조사 외에 새롭게 부여받은 사료조사는 『조선반도사』 편찬을 위해 시작되었다. 중추원은 1915년 5월 참사관실로부터 사무인계를 마친 뒤 같은 해 7월에 곧바로 『조선반도사』 편찬 작업을 시작했다. 당초에는 2년 완성 계획이었으나, 이후 연한이 3년으로 연장되었고, 1918년 1월에는 편찬과를 만들어 『조선반도사』 편찬에 주력하게 되었다.

편찬과에서 조사한 사료는 총 884종으로 조선 사료 총 164종, 중국 사료 총 560종, 일본 사료 총 100종, 서양 사료 총 60종 등이었다. 그리고 1918년 말까지 『조선반도사』 편찬을 위해 수집·발췌한 사료는 조선도서 46종, 중국도서 72종, 도쿄제국대학과 교토제국대학 교수에게 위촉해 발췌한 사료가 28책이었다. 그러나 이들 사료의 종류와 총수만 밝혀져 있을 뿐, 구체적인 목록이 남아 있지 않아 어떤 사료들을 조사했는지는 알 수 없다.

2

『조선반도사』 편찬 사업은 어떻게 진행되었나?

1) 『조선반도사』 편찬의 배경과 목적

왜 일본은 『조선반도사』를 편찬하려 했을까?

일본은 한국을 강제 병합한 후 동화주의 정책을 실시했다. 동화정책이란 식민지와 그 주민을 본국의 영토와 국민으로 통합하는 것을 목적으로 하며, 이를 위해 식민지에 본국과 같은 제도를 도입하고, 국민화를 위한 교육 등 문화정책을 추진하는 것을 말한다. 그러나 일본은 조선에 일본 헌법을 실시하지 않았고, 패망 직전까지도 일본인과 같은 수준의 정치적 권리를 부여하지 않았다. 본국 일본과 식민지 조선의 행정적·사법적 통합도 이루어지지 않았다. 겉으로는 '동화'를 표방했으나, 그 실체는 '차별'이 전제된 동화였다. 일본은 식민 통치의 편리함을 위해 정치·법제 측면에서는 동화주의를 부분적으로 적용했다. 보다 정확히 표현하자면, 동화와 차별을 편의적으로 그때그때 적용했다. 반면 문화·정책 측면에서는 조선인을 일본 국민으로 통합하려는 정책을 일관되게 추진했다.

기존에는 일본의 문화정책이 조선의 고유문화를 말살하고 탄압하는 것으로 일관했다는 관점에서 주로 연구되었다. 이후에는 일본이 탄압으로 일관한 것이 아니라 식민지 조선 대중을 포섭하기 위해 조선 고유문화를 조사해 홍보하면서도 그들의 통치 목적에 부합하도록, 왜곡 변형해 조선 민족을 개량화 내지 분열시켰다는 관점의 연구도 제기되었다.

일본의 동화정책은 조선의 형편이나 문명이 일본보다 뒤떨어져 있으니, 조선이 대등한 수준에 도달할 때까지 차별정책을 시행하겠다는 논리였다. 그리고 이를 정당화하려면 조선인들의 문명이 뒤쳐져 있다는 점을 입증할 필요가 있었다. 이를 위해 일본은 병합 이전부터 조선의 관습과 제도를 조사해 왔고, 병합 이후에는 조선인의 심리와 역사까지 본격적으로 연구하기 시작했다. 데라우치 마사타케 총독이 이런 학술 조사와 연구를 통해 조선인의 동화를 추진하려 했던 배경에는 일본과 조선이 역사적으로나 혈통적으로 같은 뿌리를 가졌다는 주장인 동문동종론(同文同種論)·일선동조론(日鮮同祖論)이 깔려 있었다.

일본의 한국 강제 병합을 기념해 발간된 『역사지리』 임시 증간호 「조선호(朝鮮號)」에도 당시 역사학자들이 '일선동조론'에 근거해 쓴 글들이 여러 편 실렸다. 이에 대해 1890년대 전후부터 서양 근대 역사학을 전공한 시라토리 구라키치(白鳥庫吉), 쓰다 소키치(津田左右吉), 이케우치 히로시(池內宏), 이나바 이와키치(稻葉岩吉) 등 동양사학자들이 그 허구성을 비판하기도 했다. 그럼에도 일선동조론은 한국 강제 병합을 전후해 더욱 강하게 제기되었다. 이러한 일선동조론은 일본 국학자들의 논리를 바탕으로 점차 확대되었고, 데라우치 역시 이를 수용해 식민지 조선에 대한 조사를 강력하게 추진했다.

목적의 정치적 시설 이상으로 다시 영구적, 근본적인 사업이 필요하다. 이것이 곧 조선인의 심리 연구이며, 역사적 연구이다. 저들의 민족정신을 어디까지나 철저히 조사하는 것이 필요하다.

나는 세상 사람들이 현실과 거리가 먼 일이라고 경시하는 학술적 조사가 절대로 필요하다고 인정하여 조사를 힘차게 진행시키고 있다.

이것이 바로 데라우치가 추진한 조선의 구관습제도조사와 고적조사사업, 그리고 조선 사료조사, 일선동조론에 입각한 『조선반도사』 편찬 작업이었다.

식민지 초기 일본인이 조선에서 벌인 고적조사와 보존사업의 공식적인 시작은 도리이 류조(鳥居龍藏, 1870~1953)가 1911년부터 주도한 사료조사라고 할 수 있다. 도리이는 이미 1909년부터 세키노 다다시(關野貞, 1868~1935)가 주도한 고건축과 고적조사, 그리고 대만에서의 고적조사와 고구려 장군총을 비롯한 만몽조사 등으로 이름을 날리던 인물이었다. 세키노가 주도한 이 조사사업은 1916년 『조선고적도보해설(朝鮮古蹟圖譜解說)』의 출판으로 이어졌고, 이후 1935년까지 11권이 발행되었다.

〈그림 6〉 세키노 다다시

출처: Wikimedia Commons

식민지 초기 문화지배의 중요성을 먼저 파악하고 있던 데라우치는 1916년 7월 조선총독부 총무국에 조선고적조사위원회를 조직하고, 중추원에 편찬과를 두었다. 그리고 5개년 계획으로 조선고적

〈그림 7〉『조선고적도보』

출처: 국가유산디지털 서비스

조사사업과 『조선반도사』 편찬 사업을 각각 추진했다. 데라우치는 총독 재직 중에 발행된 『조선고적도보해설』 시리즈를 총독 집무실에 두고, 방문한 손님에게 직접 서명하여 선물했고, 해외 관련 인사와 기관에 보내도록 했다. 그리고 전체 시리즈 중 제5권까지는 영문 해설을 첨부하도록 할 정도로 조선 고적조사 활동에 공을 들였다. 1932년부터 경성제국대학에서 조선사 제1강좌를 담당했던 후지타 료사쿠(藤田亮策, 1892~1960)는 '고문화재 보존조사'에 관해서는 데라우치 총독만큼 적극적이고 계획적으로 정책을 추진한 인물은 없었고, 뒤의 나머지 7명 총독은 "단순히 타성적으로 이를 계속하는 데 불과했다"라고 회고할 정도였다.

이 고적조사와 『조선사』 편찬에 핵심적 역할을 한 인물이 구로이타 가쓰미였다. 구로이타는 1915년경 3개월 동안 조선을 처음 여행한 후 개최한 강연에서 조선 문명의 기원이 평양에 있다는 점, 그곳에 중국 문명이 최초로 이식되었다는 점, 그 여파로 일부 사람들이 한반도로부터 일본열도로 쫓겨갈 수밖에 없었던 점 등을 서술함으로써 일본 민족의 기원이 조선에 있음을 강조했다. 나아가 청일·러일전쟁의 경위를 언급하면서 병합으로 조선인이 진정으로 완전한 독립 국민이 된 점, 나아가 일본에 의한 개화의 필연성을 언급했다.

이처럼 조선총독부는 조선의 문명 수준이 일본에 비해 낮다고 보고, 조선이 개화하고 발전해 가면 일본 본토 국민과 대등한 수준의 대우를 해주겠다는 전제 아래 조선의 고유문화를 조사·연구했다. 그러나 이는 통치를 위한 수단이었고, 실제로는 일방적 문화통합 정책을 추진했다. 이러한 정책이 조선사 구성에 반영된 결과가 1915년부터 추진된 『조선반도사』의 편찬이었다.

그렇다면 『조선반도사』라는 책의 편찬 목적과 방향성은 무엇이었을까?

1916년 1월 중추원 서기관장 고마쓰 미도리(小松綠)는 조사 주임에게 사령장을 교부하면서 "새롭게 정확한 조선 역사를 편찬하기 위해" 그들을 선발·임명한다고 이야기했다. 종래 조선 역사에 관한 책은 많지만 아직 정확하다고 인정할 만한 역사책이 없기 때문에 새롭게 '정확한 조선 역사'를 편찬한다고 했다. 따라서 『조선반도사』 편찬 목적을 다음과 같이 규정했다.

> 현재 입장에서 냉정한 태도로 역사상의 사실을 편벽되거나 누락시킴 없이 오직 선의(善意)로 기술하여 유일하게 완전무결한 조선사를 편찬하는 데 있다.

1916년 7월에 이르러서야 「조선반도사편성요지」(이하 '편성요지')가 작성되었는데, 이는 조선총독부의 입장을 대변한 오다 미키지로의 논의 아래 만들어진 것으로 보인다. 오다 미키지로는 대한제국 정부 초빙으로 1907년 평안북도 재판소 법무 보좌관으로 조선에 온 이후, 법전조사국 서기관(1910), 조선총독부 취조국 사무관(1910), 참사관실 근무(1912), 조선총독부 관방총무국 총무과(1915), 조선총독부 중추원 서기관(1915), 고적조사회 간사(1916)를 거쳐 중추원 조사과장(1918), 중추원 서기관장(1922), 조선사편찬위원회 위원(1922)까지 지낸 인물이다.

『조선반도사』의 편찬 목적과 관련해서는 다음 문장을 참고할 수 있다.

조선인은 여타의 식민지의 야만 반개한 민족과 달라서 독서와 문장에 있어 조금도 문명인에 뒤떨어지는 바가 없다. 고래로 사서(史書)가 많고 또 새로이 저작에 착수된 것도 적지 않다. 그럼에도 전자는 독립시대의 저술로서 현대와의 관계를 결(缺)하고 있어 헛되이 독립국 시절의 옛 꿈을 추상(追想)하게 하는 폐단이 있다. 후자는 근대 조선에서 일청·일러 간의 세력 경쟁을 서술하여 조선의 나아갈 바를 설파하고 혹은 한국통사(韓國痛史)라고 일컫는 한 재외조선인의 저서 같은 것이 진상을 규명하지 않고 함부로 망설을 드러내 보이고 있다. 이러한 사적들이 인심을 현혹시키는 해독은 실로 말로써 이루 다 할 수 없는 바이다. 이를 멸절시킬 방책만을 강구한다는 것은 헛되이 힘은 들고 성과는 없는 것이 될 뿐만 아니라 혹은 그 전파를 장려하는 일이 될지도 모른다는 점을 헤아리지 않으면 안 되는 것이다. 오히려 구사(舊史)의 금압(禁壓) 대신 공명적확한 사서로써 대처하는 것이 좀 더 첩경이고 또 그 효과가 현저할 것임은 달리 비할 바가 없는 것이다. 이것이 조선반도사의 편찬을 필요로 하는 주된 이유이다. (「조선반도사편찬요지」)

'조선에는 예로부터 역사서가 많고, 새로 저작에 착수된 것도 적지 않다'는 표현에서 보듯이 당시 조선에는 조선사를 다룬 다양한 서적들이 유통되고 있었다. 또한 '새로이 저작에 착수한 것'은 1910년 전후에 출간된, 청일 전쟁이나 러일전쟁 등 당대를 다룬 역사서를 의미한다. 이 책들은 박은식(朴殷植)이 쓴 『한국통사』에서 드러나듯이 한말의 국제정세를 논하면서 무엇보다도 일본의 한국 강점을 비판한 것이었다. 이미 일본은 강점 이전부터 '새로이 저작에 착수'한 책에 대해 출판법으로 여러 차례 판매와 배포를 금지했고, 강점 직후에는 출판법 이전에 발행된 서적들까지도 판매와 배포를 금지함으로써, '병합'에 불온한 생각을 갖게 하는 서적의 '멸절'을 시도했다. 이처럼 국내에서는 철저히 통제가 이루어졌으나, 『한국통사』의 경우처럼 해외에서 발행되어 국내외로 유입·유통되는 변수가 생긴 것이다. 국내 유통 상황을 알 수 없지만, 해외에서 조선으로 반입되는 신문에 『한국통사』 관련 기사가 게재될 때마다 압수한 것으로 볼 때 조선총독부가 상당한 위기감을 느꼈음을 짐작할 수 있다. 이어 대한민국 임시정부는 1919년 7월에 국무원 내에 임시사료편찬회(총재 안창호 安昌浩, 1878~1938)를 두고, 편찬 사업을 시작했으며, 같은 해 9월에는 『한일관계사료집』을 편찬해 냈다. 이 상황에서 1916년 7월 작성된 「조선반도사편성요지」에서는 『한국통사』를 거론하면서 '병합'의 의의를 명확하게 기술한 '공명적확한 사서'로 대체할 방안을 세운 것이 『조선반도사』 편찬의 배경으로 일반적으로 설명되고 있다. 실제로 『한국통사』는 1915년 6월 중국 상하이(上海) 대동편역국(大同編譯局)에서 발간된 이래 한글 번역판이 출간될 정도로 미국 하와이와 연해주 등지에서 급속히 퍼져 나갔다.

그러나 『한국통사』가 조선으로 반입된 시기는 『조선반도사』 편찬 기획

〈그림 8〉 대한민국 임시정부 임시사료편찬회 위원들(1919). 대한민국 임시정부(이하 임시정부)는 1919년 7월 임시사료편찬회를 조직하고, 같은 해 9월 국제연맹에 제출하기 위해『한일관계사료집』을 편찬했다. 사진은 임시사료편찬회 위원들로, 앞줄 왼쪽 세 번째부터 이광수·김두봉·김병조, 뒷줄은 이원익·장붕·미상·안창호·김여제·김홍조·박현환이다.

출처: 국립대한민국임시정부기념관

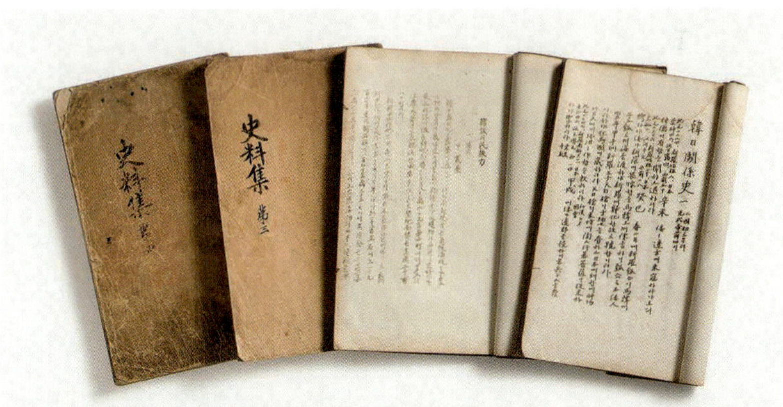

〈그림 9〉『한일관계사료집』(환수본)

출처: 국가유산청

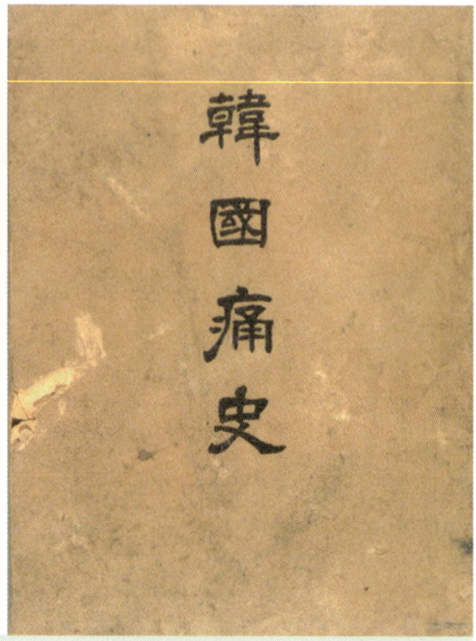

〈그림 10-1〉 박은식
출처: 독립기념관, 공훈전자사료관

〈그림 10-2〉 『한국통사』
출처: 한국학중앙연구원

이 이미 시작된 이후였다. 따라서 『조선반도사』 편찬 사업이 『한국통사』에 대응하기 위해 시작되었다고 단정하기는 어렵다. 이미 『한국통사』 이전부터 데라우치가 관찬 역사서 편찬을 계획하고 있었고, 그러던 중 마침 『한국통사』가 출간되자 『조선반도사』의 편찬 목표가 좀 더 선명해졌다고 보는 설명이 설득력 있다.

「조선반도사편성요지」를 살펴보면, '공명적확(公明的確)한 사서'를 만들어 독서와 문장에서 문명인에 조금도 뒤지지 않는 "조선 백성의 지능과 덕성을 계발함으로써 이들을 충량한 제국 신민으로" 만들고, "민심의 훈육" 즉, 조선인의 교화와 동화를 목적으로 했음을 알 수 있다.

「조선반도사편성요지」는 『조선반도사』가 주안점을 두어야 할 사항을 다음과 같이 제시했다.

첫째, 일본인과 조선인이 동족이라는 사실을 분명히 할 것

둘째, 상고부터 조선에 이르는 동안 민중이 점차 피로해지고, 빈약에 빠진 실황을 서술하고, 지금 시기에 와서야 '성세(聖世)'의 혜택을 입어 비로소 인간의 행복을 갖출 수 있게 된 사실을 상세히 서술할 것

셋째, 모두가 신뢰할 수 있는 사실을 기초로 편성할 것

『조선반도사』는 한일 간 '동족'임을 입증하고, 근친성을 강조하기 위해 고대사 위주로 편제되었다. 그런데 일선동조론을 바탕으로 일본의 조선병합을 정당화하기 위해 시작된 『조선반도사』의 편찬에 참여한 이마니시 류(今西龍)와 구로이타 가쓰미 등 일본인 학자들은 문헌학적 고증에 주력한 실증주의 연구자들이었다. 이들은 『조선반도사』에서 '일선동조'를 입증할 수 있는 믿을 만한 사료를 제시하지 못했다. 사실 일본 근대 아카데미즘에서 '일선동조론'은 실증이 불가능한 허구로, 그 학문적 기반은 없었다.

구로이타와 이마니시 등은 최소한 대학에서 근대 실증주의 역사학을 전공한 학자였다. 그런 그들이 '과학적 연구'를 지향한다고 표명한 상황에서 '보급의 대상으로서의 역사'와 '연찬(研鑽)의 대상으로서의 역사' 사이에는 생각보다 큰 균열이 있었고, 이는 쉽게 봉합될 수 없는 것이었다. 즉, 일선동조에 입각한 한국과 일본의 근친성은 절대로 과학적 연구로 증명할 수 없는 허구였음에도 이를 통치의 필요성을 위해 편찬하고자 하니, 괴리가 생길 수밖에 없었던 것이다. 결국 이것이 『조선반도사』가 미완으로 그친 중요한 원인 중 하나였다.

어쨌든 일선동조론은 학술적으로는 실증할 수 없었다 하더라도, 통치

이데올로기로서는 동화주의를 표방하는 데 매우 쓸모 있는 논리였다. 당시 중추원 서기관장 고마쓰 미도리를 비롯한 1910년대 동화주의 정책을 펼친 조선총독부 관료들은 대부분 일선동조론을 주장하고 있었다. 학문적으로는 일선동조론을 부정했던 이마니시조차도 『조선반도사』 고대사 서술에서 '일본 민족과 반도 민족의 혼교(混交)'라는 제목으로 일본 민족의 한반도 거주와 한반도 민족의 일본 귀화 등을 서술한 것은 결국 일선동조론의 통치 논리로서의 필요성을 인정했기 때문이었다.

따라서 위의 「조선반도사편성요지」에서 말하는 '동족'이란 일본인과 조선인이 시조가 같다는 '동조(同祖)'가 아니다. 여기서 '동족'이라는 표현은 '동종(同種)', 즉 같은 황인종이라는 의미이다. 구로이타는 일한동역(日韓同域)을 부정했고, 이마니시도 상대시대(645년 다이카 개신(大化改新) 시기) 일본과 조선의 교류는 인정했으나, 일한동역론은 부정했다. 또한 왕조의 흥망을 중심으로 서술한 것과 병합의 의미를 강조한 것에 대해서는 일본의 조선 강제 병합을 정복이 아니라 '합의'에 의한 것으로, 이제 왕조의 흥망에 따른 고통을 더 이상 겪지 않아도 된다고 취지를 강조했다. 전형적인 타율성론과 정체성론에 해당한다. 세 번째 주안점인 "모두가 신뢰할 수 있는 기초로 편성한다"는 것은 일본과 조선 양쪽의 기록을 비교해 서술한다는 것이었으나, 조선의 역사서 『삼국사기』, 『삼국유사』, 『동국통감』 등은 불완전하고 믿을 수 없는 기사의 모음에 불과하다고 하면서 결국 일본 역사서에 의거할 것임을 밝혔다.

2) 『조선반도사』의 집필자

『조선반도사』 편찬 사업은 1915년 7월 중추원 업무로 시작되었다. 중추원이 『조선반도사』 편찬 사업을 주관하게 된 것은 구관조사사무를 담당하던 참사관실의 업무 대부분이 1915년 5월 1일 자로 중추원으로 이관되었기 때문이다. 조선총독부 출범으로 구관조사를 전담하던 취조국은 1912년 4월 관제 개정으로 폐지되었고, 그 업무가 참사관실로 이관되었다. 참사관실 분장사무는 "조선의 제도와 관습의 조사"였으며, 주요 업무는 구관조사, 금석문, 고도서, 고문서와 책판(册版) 등의 수집, 조선활자 정리, 판목(版木) 정리, 대장경 봉헌(奉獻) 등이었다. 이 중 '반도사 편찬'과 관련 있는 업무는 역사 편찬의 전 단계라 할 수 있는 사료 수집이었다.

조선총독부는 1915년 5월에 구관조사사무를 이관하면서 중추원 직원이 담당할 첫째 업무로 역사 편찬을 들었다. 중추원은 오랫동안 구관조사를 담당해 온 참사관실의 인력과 수집자료, 그리고 경험까지 인계받아 바로 『조선반도사』 편찬에 착수할 수 있었다. 구관제도조사를 시작으로 금석문과 전적조사(典籍調査) 경험이 풍부한 중추원 서기관 오다 미키지로가 전체 기획을 맡았다.

1916년 1월에 중추원 찬의 남규희(南奎熙), 유정수(柳正秀), 이건춘(李建春), 정인흥(鄭仁興), 부찬의 어윤적(魚允迪), 조병건(趙秉健), 홍운표(洪運杓), 박제환(朴齊瓛), 이도익(李度翼), 오재풍(嗚在豊), 나수연(羅壽淵), 송지헌(宋之憲), 박희양(朴熙陽), 유흥세(柳興世), 이만규(李晩奎) 등 15명이 조사 주임으로 임명되었다. 조사 주임의 임무는 자료수집으로서 3개월마다 수집한 자료를 서기관장에게 제출하는 것이었다.

또 3월에는 교토제국대학 교수 미우라 히로유키(三浦周行)와 강사 이마니시 류, 도쿄제국대학 조교수 구로이타 가쓰미 등을 촉탁으로 위촉해 편집 주임을 맡겼다. 편집 주임은 오다 미키지로를 포함해 5명이었는데, 1916년 9월 현재 1명은 미정이었다. 오다를 제외한 세 촉탁의 임무는 『조선반도사』의 집필이었다. 이는 도쿄와 교토 두 제국대학을 대표하는 교수와 최초의 조선사 박사(이마니시)를 안배한 인선이었다. 이와 함께 이완용, 조중응, 이용직, 권중현, 이하영, 이근택, 임선준, 이재곤, 이근상, 민영기(閔泳綺), 한창수(韓昌洙), 장석주(張錫周) 등 12명의 친일파 조선 귀족이 심사위원으로 위촉되었다. 그런데 편찬을 위해 모인 학자들이 조선총독부의 편찬 목적과 방향성을 그대로 수용해 의견 일치를 보았다고 할 수 없었다. 특히 미우라 히로유키, 이마니시 류, 구로이타 가쓰미의 조선사 인식은 차이가 있었고, 이를 조율해 정리하는 것은 편집 주임 오다 미키지로의 몫이었다.

미우라 히로유키는 일본 신대(神代)부터 일본과 조선이 국가 또는 통치영역을 같이했다는 일한일역론의 지지자였고, 열렬한 동화정책 지지자였다. 그는 병합 당시 간행된 『역사지리』 조선호에서 "태고에 일한 양국이 지속(地續)했던 일은 지리학자와 지질학자가 증명했고, 양국의 언어와 유물이 가까운 동일 계통이라는 점도 언어학자, 인류학자, 고고학자 등이 고증하여 이미 명료"해졌다고 주장했다. 또한 "조선은 독립국이었던 적이 없고, 조선사의 대부분은 지나의 번속국(藩屬國), 곧 부용국(附庸國)의 시대로 가득 차" 있으며, "사대는 조선의 국시(國是)"라고 주장하면서 조선의 옛 역사는 "중화(中華) 곧 지나의 역사"라고 깎아내렸다.

구로이타는 미우라와는 동화에 대한 인식이 달랐다. 구로이타 역시 동화

〈그림 11-1〉 15대 황후 진구황후가 활을 들어 원정의 의미를 바위에 새긴 고사를 묘사한 장면. 일본의 우키요에 화가 쓰키오카 요시토시가 그린 『대일본사략도회(大日本史略圖會)』 중 '제15대 진구황후'의 한 장면. 『일본서기』에 따르면 진구황후는 남편인 주아이 천황이 사망한 후, 임신한 몸으로 신라를 정벌했다고 전해지는데, 한반도에 발을 들여놓는 장면을 그린 것. 중앙에 있는 여인이 진구황후이며, 왼쪽에 있는 노인이 진구황후의 섭정이었던 다케노우치노 스쿠네(武内宿禰).

출처: Wikimedia Commons

〈그림 11-2〉「일본약사도해-15대 황후(日本略史圖解 人皇十伍代, 1885)」
1875년 발행된 『사범학교 일본역사』에 실린 제15대 진구황후 항목을 그림으로 옮긴 것이다. '신라 정벌' 이후 진구황후가 신라왕으로부터 진상품을 받았다는 설화를 역사적 사실처럼 표현한 장면으로, 배경에는 종묘 정전과 영녕전의 모습이 보인다.

출처: 서울역사박물관, 〈열도 속의 아리랑〉展

정책의 필요성은 인정했지만, 미우라가 말하는 것처럼 양국의 언어와 유물이 같거나, 그 통치 영역이 같았다는 식의 주장은 증명할 수 없고, 수긍할 수도 없다고 선을 분명히 그었다. 즉, 고대 한일관계사에 대해 미우라 등 일한일역론자들의 주장이 "태고에 조선의 어떤 부분과 일본의 어떤 부분이 일국을 이루었다는 것"이라는 식인데, 이를 수용하기 어렵다고 밝혔다. 또한, '진구황후의 조선 정벌'에 대해서도 『일본서기』의 기록을 부정했다. 다만, 조선인이 순일본인과 같아지려면 앞으로 오랜 시일이 걸릴 것이라고 전망했다.

이마니시도 이런 부분에서는 구로이타와 의견이 같았다. '일본부'라는 용어가 후대에 만들어진 것이고, 일본부는 대군을 거느릴 수도 없었고, 소재도 상황에 따라 이동하여 고정된 기관이나 제도로 보기 어렵다고 하여 일한일역이나 언어와 유물의 동일계통설에 대해 분명하게 선을

〈표 1〉『조선반도사』 집필자의 변천

시대	편목자	시기별 담당			조선사강좌 일반사(1923)
		1916년 7월	1916년 10월	1918년 2월	
상세사	제1편(삼한·상고)	이마니시 류(今西龍)	이마니시 류	이마니시 류	오다 쇼고(小田省吳)
	제2편(삼국)	이마니시 류	이마니시 류	이마니시 류	오다 쇼고
	제3편(통일신라)	이마니시 류	이마니시 류	이마니시 류	오다 쇼고
중세사	제4편(고려)	?	오기야마 히데오(荻山秀雄)	오기야마 히데오	오기야마 히데오
근세사	제5편(조선)	?	스기모토 쇼스케(杉本正介)	세노 우마쿠마(瀨野馬熊)	세노 우마쿠마
최근세사	제6편(조선최근사)	?	스기모토 쇼스케	스기모토 쇼스케	스기모토 쇼스케

출처: 장신, 「조선총독부의 朝鮮半島史 편찬사업 연구」, 『동북아역사논총』 23, 동북아역사재단, 2009, 370쪽.

그었다.

중추원은 1916년 편찬 사업의 목적과 순서를 정하고, 1917년부터 본격적으로 사료 수집에 착수했다. 동시에 『조선반도사』를 신라시대, 고려시대, 이조시대, 최근세사의 네 시대로 구분하고, 오다 미키지로를 제외한 네 명의 편집 주임이 각자의 집필 범위를 분담했다. 편수 체계는 사료 조사를 조선인 조사 주임들에게 맡기되, 기초 사료를 선별하고 역사상을 구성하는 역할은 일본인 편집 주임들이 장악했다.

조선총독부는 『조선반도사』 편찬 사업을 사료 수집에서 시작하여 2년 안에 종료할 예정이었다. 하지만 편집 주임들은 편찬 사업의 순서를 정할 때 기한을 1년 연장해 1918년 12월까지 마무리하도록 변경했고 이후 다시 연장되었는데, 사료가 광범위하고 수집에 많은 시간이 필요했기 때문이었다. 결국 조선총독부 취조국과 참사관실을 거쳐 중추원으로 이관된 구관조사사업의 결과물은 『조선반도사』 편찬을 위해 자유로이 대출을 허용해 자료의 편의를 제공했다. 본래 참사관실에 보관된 조선의 고도서나 고문서는 참사관실에 직접 와서 열람만 가능했는데, 이를 자유롭게 대출을 할 수 있도록 한 것이었다.

한편 조선총독부는 종래 구관조사와는 별도로 『조선반도사』 편찬 사업만을 전담하기 위해 1918년 1월 9일 조선총독부 훈령 제3호로 「중추원사무분장규정」을 개정했다. 개정 내용은 중추원에 조사과 외에 새로 편찬과를 설치해 "사료의 수집과 편찬에 관한 사항"을 담당하도록 한 것이었으며, 이 규정으로 『조선반도사』 편찬 사업은 중추원의 고유 업무가 되어 기한에 관계없이 추진할 수 있게 되었다. 이때 오다 미키지로는 중추원 조사과장으로 구관조사를 전담하게 되었고, 편찬과장은 학무국 편집과장 오다 쇼고(小田省吳, 1871~1953)가 겸직했다. 사실 그동안 『조선반도사』 편찬 업무를 맡아 온 오다 미키지로는 법학 전공자로 1907년 대한제국 초빙으로 평안북도 재판소 법무보좌관으로 임용된 이래 병합 후에는 조선총독부 취조국 사무관, 참사관실, 관방총무국 등에서 구관조사를 총지휘한 '조선 관습의 권위자'였다. 그러나 역사를 전공하지 않았으므로, 『조선반도사』 편찬의 적임자는 아니었다. 반면 오다 쇼고는 도쿄제국대학 사학과를 졸업했기 때문에 이 사업의 총괄이 가능했다.

편찬 사업이 최초 2년에서 두 차례에 걸쳐 연장되었고, 편집 주임 중 이마니시 류를 제외한 미우라 히로유키와 구로이타 가쓰미가 집필진에서 빠지고, 세노 우마쿠마(瀨野馬熊), 스기모토 쇼스케(杉本正介), 오기야마 히데오(荻山秀雄)가 새로 들어왔다. 집필진 교체는 크게 두 차례 있었는데, 첫 번째 시기는 오기야마 히데오가 '조선반도사 편찬에 관한 촉탁'으로 발령받은 1916년 10월로 추정된다. 스기모토 쇼스케도 이 무렵에 발령받은 듯하다. 두 번째 시기는 오다 쇼고가 편찬과장으로서 사업의 총괄을 맡게 되고, 세노 우마쿠마가 『조선인명사전(朝鮮人名辭典)』 편찬을 담당하다가 『조선반도사』 편찬 업무를 맡게 된 1918년 2월 무렵으로 추정된다.

조선총독부가 4편으로 구상했던 『조선반도사』는 편집 주임의 논의를 거쳐 상세사를 상고·삼한, 삼국, 통일신라의 3편으로 나누어 전6편으로 재구성되었다. 필진은 상세사를 이마니시 류, 중세사를 오기야마 히데오, 근세사를 스기모토 쇼스케가 맡기로 했다. 이어 1918년 2월 세노 우마쿠마가 새롭게 근세사를 맡고, 스기모토 쇼스케는 최근세사의 집필을 맡는 것으로 조정되었다.

미우라 히로유키와 구로이타 가쓰미는 집필진에서는 빠졌으나, 촉탁으로 계속해서 편찬 사업에 관여했다. 구로이타는 1916년 7월에 출범한 고적조사위원회 위원을 겸하고 있었기 때문에 고적조사와 사료 수집을 겸해 조선 각 지역을 답사했다. 구로이타는 1916년 8~9월 대동강 유역과 평안남북도 황해도 일부, 1917년 8~9월에 만주와 낙동강 유역 신라 유적을 답사했다. 고적조사위원인 이마니시도 조선 총독의 명으로 1917년 과거 '임나'에 해당하는 경북 선산, 고령과 경남 함안, 창녕 등지의 고분을 조사하고 정리했다. 미우라도 1916년 10월 『조선반도사』 편찬을 위해 평남 지방 사적을 답사하고, 규장각 도서를 조사하는 등 지속적으로 『조선반도사』 편찬에 관여하고 있었다.

3) 『조선반도사』 편찬 사업의 중단

그런데 몇 차례에 걸친 집필진 교체에도 불구하고, 막상 제출된 원고는 이마니시 류가 쓴 제1편 · 제2편 · 제3편과 세노 우마쿠마가 쓴 제5편 뿐이었다. 최근세사를 맡은 스기모토는 중간에 사망하면서 거의 원고를 쓰지 못했다. 집필진이 다른 기관으로 옮겨가거나 사망하기도 하고, 무엇보다 집필 역량이 부족했다는 점, 그리고 조선인의 사료조사와 일본인의 집필이라는 이원화된 편찬 방식의 문제점 등이 복합적으로 작용하여 『조선반도사』의 편찬은 순탄치 않았다. 게다가 일선동조론에 근거한 동화주의 정책의 일환으로 시작된 『조선반도사』의 편찬 목적은 3 · 1운동 이후 민족주의 고양의 분위기 속에서 조선인의 저항을 불러일으킬 위험성이 컸다. 나카무라 히데타카(中村榮孝)는 3 · 1운동을 계기로 식민지 통치 방법이 전환되자 『조선반도사』 편찬 사업이 중단되었고, 새로운 통치 방법에 맞게 편찬 의도와 방향이 변했다고 회고했다.

한편 『조선반도사』의 원고 집필 상황이 이러한 가운데 원고 완성을 독려하고, 그 성과를 외부에 발표하려는 움직임도 있었다. 관제 역사단체로서 오다 쇼고가 회장을 맡고 있던 조선사학회는 『조선사강좌 일반사』의 출간 계획을 세웠다. 당시 학계에서조차 조선사학회의 『조선사강좌』 편찬 사업이 『조선반도사』 편찬 사업의 또 다른 형태로 인식되었다.

조선사학회는 오다 쇼고와 그의 '인적 네트워크'가 중심이 된 조직이었다. 1910년부터 20년대 초반까지 조선총독부가 주도했던 각종 조사, 편찬 사업에 관여하고 있는 인사들을 포괄했다고 할 수 있다. 『조선사강좌』의 목적은 "조선 반도의 연혁과 조선 민족의 과정을 가장 온건한 태도로 가능한 정확하게 연구"하는 것이었다. 이 책은 조선 일반사를 상세·중세·근세·최근세의 네 시대로 구분하고, 이를 다시 전기·중기·후기의 세 시기로 세분해 약 1년간 완결하는 것이었다. 그 담당자는 상세사(조선 개창부터 통일신라 끝까지) 오다 쇼고, 중세사(고려시대) 오기야마 히데오, 근세사(조선시대) 세노 우마쿠마, 최근세사(이태왕의 즉위부터 병합까지) 스기모토 쇼스케였다. 이마니시 류 대신에 오다 쇼고가 들어갔을 뿐 『조선반도사』 편찬 사업의 집필진 그대로였다. 이마니시가 제외된 것은 오다의 뜻이었다고 한다. 이마니시는 임나일본부의 실체를 인정하지 않았지만, 조선총독부는 일본부를 사실로서 역사 교과서에 수록했다. 과거 일본이 조선을 통치한 구체적 실례로서 거론되는 일본부는 조선 통치를 위해 매우 중요한 '역사적 사실'이었기 때문이다.

오다의 계획에도 불구하고 오기야마 히데오와 스기모토 쇼스케는 완고를 내지 못했다. 오기야마는 『조선중세사』의 제2장까지, 스기모토는

『조선최근세사』의 전체 260여 면 중 73면까지 집필했다. 그 때문에 세노우마쿠마는 1923년 8월부터 근세편을 1년여 동안 집필한 뒤 다시 『조선중세사』의 제3장부터 제15장을 마무리했다. 스기모토의 사망으로 미집필된 부분은 『조선상세사』를 쓴 오다 쇼고가 마무리했다. 당시 조선사학회의 연구 성과는 일본 학계에서조차 '조선총독부 관찬의 역사'로 규정되었다. 계획대로 진행되었다면 '조선일반사=조선반도사'라 해도 무방했을 것이다. 오다와 세노는 『조선반도사』의 취지와 편찬 방향을 잘 이해하고 있었지만 내부의 검토 과정을 거치지 못했기에 『조선일반사』는 '정확한 조선 역사'라는 공적 성격보다 개인 연구 성과로 남았다. 이마니시의 초고도 공간되지 못했지만 그의 사후에 초고를 바탕으로 집필된 강연 원고가 단행본 속에 수록됨으로써 일부나마 빛을 보게 되었다.

결국 『조선반도사』 편찬 사업은 1921년부터 조선사편찬위원회 설립이 추진되고, 마침내 1922년 12월에 설치된 조선사편찬위원회의 활동 결과에 좌우되는 신세로 전락했다. 조선사편찬위원회 목적은 조선사의 편찬과 사료 수집이었다. 조선사편찬위원회 설치 두 달 전인 1922년

〈그림 12〉 오다 쇼고, 1929년 마운령진흥왕 순수비 발굴 현장

출처: 국립중앙박물관 소장

10월 28일, 「중추원사무분장규정」 개정이 이루어지면서 편찬과가 폐지되고, 그 업무는 조사과로 넘어갔다. 이관된 업무는 "사료의 수집과 편찬"이었다. 조사과가 구관 및 제도조사, 사료 수집에 편찬 기능까지 갖게 된 것이다. 이 조사과의 사료 수집 업무는 이후 『조선사』 편찬에도 활용되었을 것으로 추정된다. 1915년 7월부터 시작된 『조선반도사』 편찬 사업은 결국 1924년 말까지 약 10년간 진행되고, 최종 원고의 3분의 2정도 집필된 상태로 미완성 단계에서 중단되었다.

3

『조선사』 편찬 사업은 왜, 어떻게 시작되었나?

1) 『조선사』 편찬의 배경과 편년체 수사(修史)사업

(1) 구관제도조사사업과 『조선반도사』 편찬 사업의 계승

『조선사』는 1938년에 완간되었고, 같은 해 6월 조선사편수회에서는 그 업무와 『조선사』의 편찬 과정을 정리해 『조선사편수회사업개요(朝鮮史編修會事業槪要)』를 발간했다. 이 책의 머리말인 총설에 『조선사』 편찬의 배경은 구관제도조사사업과 『조선반도사』의 편찬 사업에 있었음을 밝히고 있다.

사실 구관제도조사사업과 『조선반도사』 편찬 사업, 그리고 『조선사』 편찬 사업이 서로 다른 목적을 표방했음에도 불구하고, 조선의 고도서와 고문헌을 수집·정리했다는 점에서 공통점이 있다. 구관제도조사사업과 『조선반도사』 편찬 사업 때 수집·정리된 자료가 『조선사』 편찬의 밑거름

이 되었기 때문이다.

먼저 구관제도조사사업은 식민 통치 체제의 구축을 위해 조선의 풍습과 관습을 파악할 필요에서 개시된 것으로 통감부 시기부터 시작되었다. 즉, 1906년부터 1910년까지 통감부 시기, 그리고 1910년부터 1915년까지로 1910년 9월 30일 조선총독부 관제 공포 당시 설치된 취조국이 기존 구관조사사업을 인계받고, 다시 1912년 4월 1일 참사관실로 이관되어 진행되던 시기, 1915년 이후 중추원 관제 개정에 따라 1915년 5월 1일부로 중추원으로 이관된 시기로 나누어 볼 수 있다.

당시 취조국과 참사관실은 조선의 구관조사를 위해 실지 조사만이 아니라 전적(典籍)에 대한 조사도 함께 진행했다. 전적이란 책(冊)을 의미한다. 우리나라에는 삼국시대 이래 역사적 가치를 지닌 전적 문화유산들이 많이 남아 있었다. 전적은 직접 붓으로 쓴 사본과 활자로 찍어 만든 인쇄본의 두 가지가 있었다. 전적조사 작업은 고도서에 대한 정리와 새로운 수집, 도서에 대한 해제, 주요 자료에 대한 발췌 및 정리 등으로 확대되었다. 그 가운데 『조선사』 편찬과 관련하여 주요 자료에 대한 발췌 작업이 정확히 언제부터 시작되었는지는 불분명하나, "선인촉탁(鮮人囑託)에게 맡긴 기록 발췌 사무는 1913년 조선 태조부터 철종 실록까지, 이태왕 승정원일기 및 일성록에 대해 별지 제1호 사항의 소재를 조사하여 그 목록을 작성하고 1914년 1월부터 별지 제 2호의 사항에 부쳐 이미 만든 목록에 의거해 본문의 발췌를 할 것"을 계획한 것으로 보아 1913년 이전부터 시작되었으며, 그 주요 대상은 『조선왕조실록』을 필두로 『승정원일기』, 『일성록』과 같은 관찬 편년사류였음을 알 수 있다. 또 발췌는 한문에 능숙한 '선인촉탁'들에 의해 항목별 목록 작성 이후 기사를 추출하는 방식으로 이루어진 것으로 보인다.

당시 발췌 작업에서 선별된 항목들은 식민 통치를 위한 제도 개정이나 법령 작성을 위한 것이었지만, 이 과정에서 역사 연구 및 편사를 위한 기초 작업이라 할 수 있는 조선시대 관찬 편년사류에 대한 사료의 수집, 정리가 대대적으로 이루어졌으며, 이는 『조선사』 편찬의 기본 토대가 되었다.

한편 1915년 상하이에서 출간된 박은식의 『한국통사』의 출판과 보급에 대한 위기의식에서 조선총독부는 『조선반도사』 편찬 사업을 추진했다. 그러나 학무국 편집과장과 중추원 편집과장을 겸임하던 오다 쇼고가 주도한 『조선반도사』 편찬은 예정대로 진행되지 못했다. 그 원인은 자료 수집에서 예상외로 어려움이 많았고, 예정된 연한을 넘기기도 했지만, 근본적으로는 이마니시를 제외한 나머지 집필진의 조선사에 대한 이해와 지식수준이 높지 않았기 때문이었다. 근대 역사학의 훈련을 받은 일본인 연구자들 중에서 조선의 '중세사'나 '근세사'를 제대로 다룰 수 있는 전문가는 전혀 없었다. 이마니시나 이케우치 히로시는 1922년이 되어서야 비로소 조선사 연구로 박사학위를 취득할 수 있었다.

게다가 3·1운동 전후로 높아진 조선의 독립 열기에 위기감을 느끼고, 자주독립 의식을 꺾을 필요성을 절감한 조선총독부는 그 대안으로 조선사 편찬 사업을 본격적으로 추진했다. 그리고 그 편찬 사업의 방법은 일본에서 진행되었던 사료 편찬의 방법이었다. 도쿄제국대학 문학부 사료편찬괘(현 도쿄대학 사료편찬소)와 문부성 유신사료편찬회의 사료 수집과 편찬 방식이 조선사 편찬의 모델이 되었다. 그 결과 1922년 12월 4일 자로 조선총독부 훈령 제64호 「조선사편찬위원회 규정」이 공포되면서 10개년 계획이 본격화되고, 조선사편찬위원회가 설치되었다.

기존에 『조선반도사』 편찬을 위해 수집되고 정리된 결과물은 1922년 조선총독부가 별도로 조직한 조선사편찬위원회의 『조선사』 편찬 작업으로 이어졌다. 이후 조선사편찬위원회가 조선사편수회로 개편되면서, 1924년 말부터는 『조선사』 편찬 사업으로 통합되었다.

제1회 조선사편찬위원회는 1923년 1월 8일부터 10일까지 사흘간 개최되었다. 이때 사이토 마코토(齋藤實) 총독은 훈시를 통해 조선의 문화는 연원이 매우 깊고, 오늘날까지 해온 역사서 편수 사업 중 볼 만한 것이 없는 것은 아니지만, "학술적 견지에서 극히 공평하게 편찬된 것이 없어서" 귀중한 자료가 흩어져 자취를 잃기 전에 새로 역사서 편수 사업을 시작하게 되었다고 주장했다. 총독부가 구관조사와 고적조사사업을 하면서 역사서 편수 사업도 조선과 일본의 역사 전문가들에게 의뢰하게 되었다는 것이다. 조선의 역사와 문화를 존중하는 듯 들리나, 실상은 조선의 역사서 중 전혀 읽을 만한 것이 없다는 것이다. 즉, 조선의 역사서가 왜곡되고, 학술적으로 편향되어 공정하고 객관적이지 않다는 규정이었다. 또한 역사서의 편찬이 아니라, 역사 사료를 수집하고 편수하겠다는 의도를 드러냈다.

(2) 일본 근대 사료학의 일인자, 구로이타의 식민지 수사사업

그렇다면 일본 사료학의 최고 권위자인 구로이타 가쓰미라는 인물을 살펴보자.

일본 근대 사료학은 서양, 특히 독일의 랑케(Leopold von Ranke, 1795~1886)가 제창한 실증주의 사학의 계승자였던 리스(Ludwig Riess, 1861~1928)에게서 배운

서양 열강의 사료학이 그 모태가 되었다. 한편 에도시대부터 1793년까지 국학자들은 막부의 원조를 받아 사료 편찬 작업을 이미 시작했기 때문에 근대 일본 사료학은 일찌감치 생성되어 있었다는 견해도 있다.

메이지 정부가 주도해 온 편년사를 중심으로 한 사료 편찬에 대해 리스는 수집한 사료 자체를 편찬·간행하는 방법을 메이지 정부에 제언했고, 이후 기존 일본의 사료 편찬 방법에 리스의 방법론, 즉, 서양 열강에서 사용하던 사료 편찬 방법이 도입되었다. 새로운 근대 역사학을 창출하고자 하는 메이지 시기의 아카데미 분위기 속에서 사료학 수립의 핵심으로 일본 고문서학(수사작업)이 중요한 과제가 되었다. 그리고 이 고문서학이라는 학문의 창출에서 가장 중요한 역할을 수행한 인물이 바로 구로이타 가쓰미였다.

구로이타가 도입한 사료 편찬 방법론은 근대 유럽 역사학의 방법론인 국가 주도의 사료 편찬과 동양적 정사 편찬의 방법을 혼합한 일본 독자의 편찬 방법이었다고 평가된다. "일본 고문서학을 확립한 공적도 구로이타에게 돌아간다"고 언급되거나 "구로이

〈그림 13〉 구로이타 가쓰미
출처: Wikimedia Commons

〈그림 14〉 레오폴트 폰 랑케
출처: Wikimedia Commons

〈그림 15〉 루드비히 리스
출처: Wikimedia Commons

타 고문서학은 아직도 현역이다"라는 지적조차 있을 정도다.

구로이타는 『대일본고문서(大日本古文書)』와 『대일본사료(大日本史料)』의 편찬에 참여한 경험이 있었고, 1905년 「일본고문서양식론」으로 박사학위를 받은 사료 편찬의 최고 전문가로서 '일본 사료학의 확립자'였다. 구로이타가 34년간 재직했던 제국대학(도쿄제국대학), 즉 현재 도쿄대학에서 그의 흔적은 일본사학과(구로이타 재직 당시 국사학과)와 근대 이후 일본 사료 편찬을 주도해 온 사료편찬소에 확연히 남아 있다. 특히 사료편찬소에서는 사료편찬괘 시절인 1919~1920년에 3대 수장으로서 재직하고 있었다. 구로이타에 대한 평가는 학문 활동 기간의 거의 대부분에 해당하는 34년간을 도쿄제국대학교에서 교편을 잡으면서 후진 양성에 힘썼다는 점, 또 고문서학의 체계화와 고전적의 출판과 보급에 커다란 발자취를 남겼다는 점을 들 수 있다. 그중에서도 특히 고문서학 관련 사업으로는 쇼쇼인(正倉院) 문서의 조사사업의 개시, 『대일본고문서』 편찬을 주재한 일이 있으며, 고전적에 관련한 사업으로는 『국사대계(國史大系)』·『속국사대계(續國史大系)』·『국사대계육국사(國史大系六國史)』·『국사대계유취국사(國史大系類聚國史)』의 편찬에 이어, 1929년부터 『신정증보국사대계(新訂增補國史大系)』의 편찬에 착수하는 등 일본사 연구의 기초 사료 정리와 보급에 힘쓴 점이 두드러진다.

이처럼 일본 근대에 들어서 행해진 방대한 사료 편찬 사업에 구로이타는 직간접으로 큰 영향을 미쳤다. 그렇다면 과연 이러한 사료 편찬에는 어떠한 의미와 한계가 있을까?

첫째, 동양의 전통적인 정사 편찬처럼 역사 편찬, 즉 지배층의 역사, 일본으로 말하자면 천황 중심의 역사관 확립에 공헌하는 편찬 사업이 되기 쉬웠다.

둘째, 국가적 과제로서의 편찬 사업이다. 이는 서양 열강의 방법론이었다. 즉, 국가적 과제로 시도된 사료 편찬 사업은 열강의 의도대로 식민지의 역사를 해석할 수 있는 소지를 갖고 있었다.

셋째, 한두 사람이 쓴 역사서는 사실을 왜곡할 위험성이 있으므로, 사료를 그대로 편찬·발행함으로써 학자들이 이용할 수 있도록 하는 것이 더 낫고, 또 사료 편찬은 개인이 할 수 없으므로 국가가 맡는 것이 최선이었다.

다시 말하자면, 천황 중심의 사료 편찬에 제국주의로의 도약을 선망하던 신생 열강 일본의 의도가 가미된, 사료 편찬이라는 이중으로 굴절된 편찬 방침이 조선사 편찬에도 적용되었다는 것이다. 결국 조선사 편찬 사업은 출발 선상부터 근본적인 한계를 지니고 있었다.

구로이타는 조선사에도 주력하게 되었다. 1915년 조선을 처음 방문한 이래 16년간 '조선사편수(1922~1928)'와 그 작업의 일환으로서 '조선고적조사'사업에 열중했다. 1910년 한일 강제 병합 전후의 고적조사사업, 고적조사위원회와 고적조사사업(1916~1930), 조선고적연구회와 고적조사사업(1931~1945)의 시기적 변천에 따라 행해진 고적조사사업이 중앙과 지방의 박물관 설립으로 연계되었고, 여기에는 구로이타가 활약하고 있었다.

1923년 1월 8일부터 10일까지, 제1회 조선사편찬위원회가 개최되었다. 사이토 총독의 훈시에 이어 위원장인 정무총감 아리요시 주이치는 구로이타 가쓰미와 나이토 고난의 공로를 특별히 언급하면서 본래 『조선사』는 5개년 사업으로 계획되었으나 구로이타와 나이토의 실무 협의 과정에서 10년 기한으로 확대되었다고 밝혔다. 이 사업은 사료 수집에 3년, 편찬·기고에 5년, 그리고 초고 정리에 2년을 배정하여 총 10년간 진행되도록 계획되었다.

구로이타는 사료 편찬 방식의 식민지 수사 사업인 『조선사』를 기획하고 출범시킨 사실상의 주역이었음에도, 조선사편찬위원회가 출범할 당시에는 공식적인 직함이 없었다. 그러나 분명 구로이타가 주도하는 사업이었고, 그는 이 사업의 전면에서 세부적인 부분까지 이끌었다. 구로이타는 제1회 회의에서는 주요 안건이었던 「편찬 강령」을 직접 설명했다. 「편찬 강령」을 구로이타가 작성하고, 첫 회의에서 이를 직접 설명했다는 것은 이 사업의 진행은 전적으로 구로이타의 책임 아래 시작되었고, 앞으로도 그의 주도로 진행될 것임을 의미했다.

구로이타는 자신이 이미 일본에서 『대일본사료』, 『대일본고문서』 편찬에 참여한 경력이 있음을 강조했다. 그리고 조선사 편찬 사업은 정부 사업이므로 "학술적으로 철저하고 권위 있는" 역사 편찬이 되어야 한다고 강조했다. 『조선사』 편찬은 16년간 지속되었는데, 조선사편찬위원회 5회, 조선사편수회 9회로 총 14회의 회의가 있었다. 1년에 1회 꼴도 아니었다. 그나마도 구로이타가 출장 중일 때는 열리지 않았다. 이 『조선사』 편찬 사업이 구로이타에 의해 총괄되었음을 보여주는 사례다.

(3) 통사가 아닌 사료집 『조선사』의 편찬

한편 구로이타가 식민지 수사사업을 『조선반도사』와 같은 통사 편찬이 아니라 사료집으로 방향을 튼 것에 대해서는 사료학 권위자로서의 개인적 경험도 있지만, 조선총독부의 역사 편찬 방침에 호응한 것이었다는 주장이 있다. 바로 구로이타의 제자로서 이 사업에 구로이타가 직접 수사관으로 투입한 나카무라 히데타카에 따르면, 조선총독부는 1919년 3·1운동이 일어나자 기존의 통사 편찬 사업이었던 『조선반도사』 사업을 중간에 접고, 대신 조선사 편수에 대한 새로운 대안과 계획을 세우도록 구로이타에게 명령했다고 했다.

잘 알려진 바와 같이 구로이타의 대학 동창인 아리요시 주이치(有吉忠一)는 1922년 6월 15일 조선총독부 정무총감으로 부임했다. 아리요시는 미야자키현(宮崎縣) 지사(知事) 시절 사이토바루(西都原) 고분 발굴에도 참여한 바 있었다. 구로이타는 조선사편찬위원회의 구체적 사업 계획 입안, 담당자 인선, 편찬 강령 작성 등 모든 과정에서 중심적인 역할을 했다. 아리요시는 3·1운동 이후 조선에서 고조된 조선인들의 역사교육에 대한 사회적 열망에 직면하여 구로이타에게 그 효과적인 대응책으로 『조선사』 편수를 맡겼던 것이다. 통치의 수단으로서의 역사 편찬이란 조선총독부의 요청에 따라 "학술적 견지에서 권위 있는 조직을 만들어 사료 수집에 만전을 기하고, 공평하고 신뢰받을 수 있는 역사 편찬 계획"을 마련한 것이라 할 수 있다. 특히 근대 지식의 권위와 학문적 권력은 식민지 통치의 효과적인 수단이자 역사·문화적 수준이 높은 조선인들의 저항을 막아낼 수 있는 방패막이 될 것으로 판단되었다. 또한 사료에 대한 독점권을 식민지 권력이 장악함으로써 향후 생산되는 모든 학술적 역사 연구 성과물들을 통제하고, 연구의 방향이나 역사관까지도 제어할 수 있는 방안이었다.

〈그림 16〉 조선총독부 정무총감 아리요시. 조선사편수회 회장으로 사이토바루 고분군 발굴을 제안했다.

이런 의견과 달리, 일본인 역사학자 하타

다 다카시(旗田巍, 1908~1994)의 분석에 따르면 조선총독부는 역사 편찬 사업에 회의적이었으나, 구로이타가 적극적으로 아리요시를 설득해 사료 편찬 형식의 조선사 편수 사업을 관철시켰다는 것이다. 이때 구로이타는 "조선을 알지 못하면 일본을 알 수 없기 때문에 조선사를 연구하는 것"이라는 논리를 역설했다고 한다. 그러나 세밀하게 시기를 살펴보면, 조선총독부는 이미 아리요시가 정무총감이 되기 1년 전인 1921년부터 5개년 계획의 사료 편찬 사업을 기획하고 있었다. 아리요시와 구로이타의 친분 관계가 조선사 편찬 사업에 영향을 미쳤다면, 이 사업이 10개년으로 확대되는 데 영향을 끼쳤을 것으로 보인다.

구로이타는 만세일계의 천황이 통치하는 일본의 고유성을 강조하는 국체론자였다. 그가 일선동조론을 입증하려 한 『조선반도사』에서 손을 뗀 것도 실증사학자로서 과학적 연구를 지향한다는 기본적 신념이 있었고, 무엇보다 조선사의 독창성을 부정하고, 중국 문화의 영향력과 임나일본부의 실체를 확인하려 했다. 즉, 조선 문화의 열등함과 후진성을 증명해 조선인들은 스스로 독립이 불가능한 후진국임을 입증하려고 임나일본부라고 불리는 한반도 남부 일대를 답사하기도 했다. 구로이타가 조선의 유물과 유적 탐방, 유물 전시 등에 관심을 쏟고 발굴 조사사업을 진행한 것도 조선의 열등성을 전시하기 위함이 목적이었다.

그런데 3·1운동 이후 조선인들의 민족적 자각과 역사 연구의 열기로 식민지 당국의 조선 역사서의 편찬이 오히려 조선인의 반발을 초래할 수 있게 되자, 이를 효과적으로 피하면서도 근대 학문적 권위로 군림할 수 있는 사료 편찬 방식을 택한 것이다. 국체론자 구로이타와 그가 채용한 만선역사학자 이나바 이와키치의 조선 역사에 대한 인식이 충분히 수사사업에 반영되었을 것이라는 추정이 가능한 부분이다.

조선사편찬위원회 사업에 오다 쇼고 등 '구반도사파'가 배제된 것은 서술형 통사로 편찬되었던 『조선반도사』와 달리, 『조선사』는 연월일 순서로 중요 사건 관련 사료를 정리해서 편찬하는 편년체 사서로 기획되었기 때문이다. 고문서학으로 박사학위를 받고 사료 편찬의 최고 전문가로서 '일본 사료학의 확립자'였던 구로이타가 편년체 사료 편찬 체제로 『조선사』를 기획한 것은 당연한 일이었다.

『조선사』 편찬이 편년체 형식을 취한 중요한 이유는 다음과 같다.

첫째, 편찬에 참여한 일본인 학자들이 조선사에 대한 전문 지식이 부족했고, 사료 선별이나 해독 등 학문적 역량 또한 한계가 컸기 때문이다. 구관조사사업을 진행한 이래 조선에서는 수많은 자료가 수집되었고, 『삼국사기』, 『삼국유사』는 물론 『고려사』, 『고려사절요』, 『조선왕조실록』, 『승정원일기』, 『비변사등록』, 『각사등록』 등도 이미 확보되어 있었다. 이 방대한 사서들을 모두 섭렵해 조선총독부의 요구에 부응하면서 정해진 기간 안에 조선의 역사를 서술하는 것은 거의 불가능했다.

당시 일본인들은 함께 수사관으로 참여했던 홍희에게 어려운 한문 해석을 물어봐야 하는 수준이었다. 이마니시만이 『조선반도사』 담당 부분을 집필할 수 있었던 데에는, 그가 본격적으로 조선사 연구에 몰두한 최초의 연구자이기도 했지만, 고대사에 해당하는 사서가 고려시대, 특히 조선시대에 비해 월등하게 분량이 적었기 때문이기도 했다. 당시 일본인 연구자들의 조선사 연구 수준으로는 고려나 조선의 방대한 자료를 분석한 뒤, 조선사 통사를 체계적으로 서술하는 것은 불가능했다. 결국 연대순으로 관련 사료를 나열하는 사료집 체제로 『조선사』를 편찬하는 것 외에는 대안이 없었다.

둘째, 편년순으로 원사료를 기재해 '객관성'을 부각하려는 의도였다. 이렇게 되면 왜곡된 조선사에 대한 시정 요구를 무마할 수 있었기 때문이다.

셋째, 단군에 대한 기록을 사료가 아닌 전설 내지 신화로 취급하고, 단군 관련 연대의 부정확성을 들어 편년체 사서인 『조선사』에서 제외할 수 있는 근거를 확보할 수 있었다.

2) 조선사편찬위원회의 조직과 '반도사파' 배제에 따른 내부 갈등

(1) 조선사편찬위원회의 조직과 구성

사이토 총독의 부임과 함께 각 분야에서 대규모 조사사업이 진행되었고, 역사 편찬 사업을 위해 새롭게 조선사편찬위원회가 설치되었다. 1922년 12월 4일 조선총독부 훈령 제64호 조선사편찬위원회 규정이 공포되었다.

> 제1조 조선총독부에 조선사편찬위원회를 둔다. 위원회는 조선사의 편찬 및 조선 사료의 수집을 담당한다.
>
> 제2조 위원회는 위원장 1인과 위원 약간 명으로 조직한다. 위원장은 조선총독부 정무총감이 겸임한다. 위원은 학식 있는 자 중에서 조선 총독이 위촉한다. 전항(前項)에 규정한 이외의 위원은 조선총독부 내부의 관리 중에서 조선 총독이 임명하거나 또는 위촉할 수 있다.

제3조 위원장은 회무(會務)를 총괄한다. 위원장 유고 시에는 위원장이 지정한 위원이 그 사무를 대행한다.

제4조 위원회에 편찬 주임을 두고 위원 중에서 위원장이 임명한다.

제5조 위원회에 고문(顧問)을 둔다. 고문은 조선 총독이 위촉한다.

제6조 위원회에 간사 약간 명을 두고 조선총독부 내부의 고등관(高等官) 또는 위원 중에서 조선 총독이 임명한다. 간사는 위원장의 지휘를 받아 업무를 관장한다.

제7조 위원회에 서기(書記) 약간 명을 두고 조선총독부 내부의 판임관(判任官) 중에서 조선총독이 임명하거나 또는 위촉한다. 서기는 상사(上司)의 지휘를 받아 업무에 종사한다.

이에 따르면 위원회는 조선사의 편찬 및 조선 사료의 모집을 관장했다. 위원장은 총독부 정무총감이 겸임했다. 위원은 '학식이 있는 자' 중에서 총독이 위촉하게 했고, 간사도 총독부 고등관 또는 위원 중에서 임명했다. 중추원에 맡겼던 『조선반도사』에 비하면 총독부 관료들이 직접적으로 사업을 관장하는 구조였다고 볼 수 있다. 편찬 주임도 총독이 임명한 위원 중에서 위원장, 즉 정무총감이 임명하고, 고문은 총독이 위촉할 수 있었다. 한마디로 전문 학자이던 행정실무관료이던 조선사편찬위원회는 조선 총독이 임명한 인물들로 채워져 조선 총독이 직접적 권한을 행사하고 관리했다.

〈표 2〉 조선사편찬위원회 임원진(1922~1925)

직급		임기	비고
위원장	아리요시 주이치(有吉忠一)	1922.6.15~1924.7.4	정무총감
	시모오카 주지(下岡忠治)	1924.7.4~1925.6.8	정무총감
고문	이완용(李完用)	1922.12.28~1925.6.8	중추원 부의장
	박영효(朴泳孝)		중추원 고문
	권중현(權重顯)		자작
위원	나가노 간(長野幹)	1922.12.28~1924.12.1	중추원 서기관장, 전임
	오다 미키지로(小田幹次郎)	1922.12.28~1923.3.29	의원면관
	유맹(劉猛)	1922.12.28~1925.6.8	중추원 참의
	이능화(李能和)	1922.12.28~1925.6.8	총독부 편수관
	어윤적(魚允迪)	1922.12.28~1925.6.8	중추원 참의
	정만조(鄭萬朝)	1922.12.28~1925.6.8	경학원 부제학
	이마니시 류(今西龍)	1922.12.28~1925.6.8	교토제국대학 조교수
	이나마 아와키치(稻葉岩吉)	1922.12.28~1925.6.8	중추원 촉탁
	마쓰이 히토시(松井等)	1922.12.28~1923.8.16	면직
	가야하라 마사조(栢原昌三)	1922.12.28.~1924.3.	사망
	이병소(李秉韶)	1922.12.28~1925.6.8	
	윤영구(尹寗求)	1922.12.28~1925.6.8	
	현채(玄采)	1922.12.28~1925.2.3	사망
	홍희(洪憙)	1922.12.28.~1925.6.8	
	이상영(李商永)	1922.12.28~1923.3.25	연로함을 이유로 사직
	후카가와 덴지로(深川傳次郎)	1923.4.18~1924.6.8	중추원 서기관, 전임
	오쓰카 쓰네사부로(大塚常三郎)	1924.12.12~1925.6.8	중추원 서기관장
	이진호(李軫鎬)	1924.12.12~1925.6.8	학무국장
	야마자키 마사오(山崎眞雄)	1924.12.12~1925.6.8	중추원 서기관
간사	이나바 이와키치(稻葉岩吉)	1922.12.28~1925.6.8	중추원 촉탁
	김동준(金東準)	1922.12.28~1925.6.8	중추원 통역관 겸 서기관

구분	성명	기간	비고
서기	가네코 마사키요(金子正潔)	1922.12.28~1925.6.8	중추원속
	가쓰라기 스에지(葛城末治)	1922.12.28~1925.6.8	중추원속
	김용적(金容迪)	1922.12.28~1925.6.8	중추원속
촉탁	이나바 이와키치(稻葉岩吉)	1922.12.1~1925.6.6	해촉
	마쓰이 히토시(松井等)	1922.12.1~1923.7.31	해촉
	홍희(洪憙)	1922.12.31~1925.6.6	해촉
	가야하라 마사조(栢原昌三)	1922.12.10~1924.3	사망
	이능화(李能和)	1923.12.31~1925.6.6	해촉
	다카하시 다쿠지(高橋琢二)	1924.6.30~1925.6.6	수사관보에 임명
	세노 우마쿠마(瀨野馬熊)	1924.11.30~1925.6.6	중추원 촉탁, 해촉
	구로이타 가쓰미(黑板勝美)	1924.11.30~1925.6.6	도쿄제국대학 교수, 해촉

출처: 『조선사편수회사업개요』

1922년 12월 28일 자로 위촉된 고문은 중추원 부의장 이완용과 박영효, 권중현이었다. 그러나 어차피 이들 명단을 보면 친일 귀족에 대한 예우였을 뿐, 전문성과는 거리가 멀었음을 알 수 있다. 중추원이 주관한 『조선반도사』 편찬 당시에도 편찬 주임과 심사위원 간의 협의 규정은 있었지만, 회의는 한 번도 열리지 않았다. 일본인 편찬 주임과 각 편별 집필자 개인에게 원고 작성을 맡겼다.

조선사편찬위원회 위원으로 임명된 조선인은 유맹(劉猛, 중추원 참의), 이능화(李能和, 총독부 편수관), 어윤적(중추원 참의), 정만조(이왕직 전사), 이병소(李秉韶), 윤영구(尹甯求), 홍희(洪憙), 현채(玄采, 1925년 2월 3일 사망으로 해직), 이상영(李商永, 1923년 3월 25일 사퇴) 등 9명이었다. 이 중 유맹, 어윤적, 정만조 등은 취조국 구관조사 혹은 중추원의 『조선반도사』 편찬에 참여한 경력이 이어졌다. 이능화는 조선총독부 학무국 교과서 편수관으로 활동한 경력으로 발탁되었다. 이병소는 규장각, 시강원, 예식원 등의 근무 경력이 있었고, 나중에 이왕직의 『고종실록』 편찬에도 참여했으며, 윤영구와 함께 조선사편수회 위원으로 참여했다. 현채는 『동국사략(東國史略)』을 쓴 역사학자로서 발탁되었다고 할 수 있다. 조선인 학무국장 이진호는 1924년 12월 12일 위원으로 임명되었다.

이들 가운데 주목되는 주요 인물 중 한 사람은 홍희였다.

홍희는 한학자 간재(艮齋) 전우(田愚, 1841~1922) 밑에서 1904년까지 공부했다. 전우는 평생을 전통적 도학(성리학)의 회복이 국권 회복의 길이라고 생각했다. 그러나 홍희는 1919년 2월 대동사문회 발기인과 서적 편찬위원, 1920년부터 1922년까지 대동사문회 평사(評事)와 회정(會正)을 역임하는 등 친일 유림단체에서 활동했다. 그는 이능화의 추천으로 오다 쇼고를 알게 되어 이능화와 함께 중추원 촉탁으로 근무한 경력이 있었다. 그리고 1920년 4월부터 1921년까지 조선총독부 중추원 편집과 촉탁으로 근무하는 동안 구관조사사무를 담당했다. 그는 조선사편찬위원회에서 위원으로 참여하게 되었고, 이나바 이와키치(稻葉岩吉), 가야하라 마사조(栢原昌三)와 함께 『조선왕조실록』 태백산본의 「광해군일기」 조사 작업에 참여했다. 또한 조선시대 양반 및 당파의 근거지로 일컬어지는 충청남도 사료 채방에서 큰 활약을 하여 이나바가 후일 조선사편수회 수사관으로 추천하는 계기가 되었다.

일본인으로는 구관조사를 주관해 오던 중추원 서기관장 오다 미키지로(1923년 3월 29일 의원 면직)와 이마니시 류(교토제국대학 조교수), 이나바 이와키치(중추원 촉탁), 마쓰이 히토시(1923년 8월 16일 사퇴), 가야하라 마사조(1923년 8월 16일 사망으로 해직), 나가노 미키 등 6명이 임명되었다.

일본인 위원 가운데 역사학자는 이마니시 류, 이나바 이와키치, 마쓰이 히토시, 가야하라 마사조가 있었고, 나머지는 모두 중추원 담당 총독부 관료들이었다. 중추원 서기관장과 서기관, 학무국장은 당연직 위원이었다.

당초 조선사편찬위원회 설치를 준비할 때는 위원 수를 약 40명 정도로 하고, 조선의 역사에 정통한 조선인과 조선사나 동양사를 전공한 일본인 학자, 조선에서 조선의 역사와 제도, 풍습, 유적, 유물 등의 조사 활동에 종사하는 일본인 가운데 선임하기로 했다. 또 정무총감을 위원장으로 했지만, 부위원장만큼은 조선인으로 선임하기로 계획했다. 그러나 실제로는 조선인 위원수가 대폭 축소되고 부위원장도 선임되지 않았다. 다만 "조선의 역사에 정통한 조선인과 일본인 학자를 위원으로 삼아 일체의 사료 수집과 이에 의거한 완전한 조선사 편찬, 그 재료의 정리와 조선 사료로서 연구의 편의에 이용하겠다"던 기획 취지는 유지되었다. 이는 유지될 수밖에 없었던 것이, 사실 일본인 학자들은 사료 해독과 정리에 필요한 능력이 부족하여 홍희를 비롯한 조선인 학자들에게 의지하지 않고는 사업 자체가 진행될 수 없었기 때문이다.

조선사편찬위원회 출범 당시 중추원 서기관장 오다 미키지로는 "위원은 전혀 정치의 의미를 떠나 학자로서 조예가 심오하면 조선인과 일본인을 불문하고 임명해서 절대 공정한 역사를 편성할 계획임"을 강조했다. 『조선반도사』 당시에 조선인들은 실무적 사료조사만 담당하고, 원고 집필자는 전원 일본인이었던 것에 비하면 조선인과 일본인을 동등하게 위원으로 임명한다고 표방한 것이었다. 그러나 말 그대로 표방이었을 뿐, 일본인 위원이 수적으로나 업무 중요도 면에서 절대적 우위를 차지했다.

1923년 4월 25일, 오다 쇼고와 이왕직 차관 시노다 지사쿠(篠田治策)가 위원으로 임명되었고, 1924년 11월 30일 자로 구로이타 가쓰미(도쿄제국대학 교수)와 세노 우마쿠마(중추원 촉탁)도 촉탁으로 임명되었다. 이마니시 류, 오다 쇼고, 구로이타 가쓰미, 세노 우마쿠마 등은 모두 『조선반도사』 집필에 참여했었다. 간사는 이나바 이와키치와 중추원 통역관 겸 서기관 김동준이 맡았다. 관제상 위원 중 전임으로 편찬 주임을 임명할 수 있었는데(제4조), 이나바 이와키치가 임명되어 편찬 업무를 담당하게 되었다. 김동준은 구관조사 때부터 중추원 서기관으로 인사 발령 등 행정 업무를 담당했던 경험이 있었다.

(2) 구로이타의 '반도사파' 배제설의 실체

그런데 조선사편찬위원회의 실질적 총괄 지휘자였던 구로이타가 '반도사파'를 배제하고 『조선사』를 기획했다는 분석이 있다. 오다와 구로이타 그리고 이마니시와 구로이타의 갈등설이 그것이다. 그렇다면 소외된 '반도사파', 그 진상은 무엇일까?

조선총독부가 『조선반도사』 편찬을 대신해 『조선사』를 편찬하기로 한 배경에는 구로이타 가쓰미가 있었다. 도쿄제국대학 교수였던 그는 1916년 3월 촉탁으로 『조선반도사』 편찬 사업에 참여했고, 조선사편찬위원회의 성립을 주도했다. 그리고 여기에는 1922년 6월 15일 조선총독부 정무총감으로 부임한 아리요시 주이치의 도움이 컸다. 앞서 이야기한 바와 같이 아리요시는 구로이타와 대학 동창이었고, 아리요시가 미야자키현 지사로 있던 시기 미야자키현은 일본 황실의 발상지라고 하면서 이를 실증하기 위해 사이토바루 고분군 발굴을 제안했고, 이 발굴에 구로이타와 이

〈그림 17〉 사이토바루 고분, 복원된 46호분(전방후원분)

출처: 미야자키현 현립 사이토바루 고고박물관

마니시 등이 함께 참여했다. 사이토바루 고분군은 미야자키현의 사이토시(西都市)에 있는 일본 최대의 고분군으로 1912년부터 1917년에 걸쳐 일본에서 처음으로 본격적인 학술 조사가 시행된 곳으로 유명하다. 이 대대적인 발굴 사업에 구로이타도 함께 참여했으며, 이를 통해 구로이타와 아리요시와의 친분 관계를 짐작할 만하다. 구로이타는 조선사편찬위원회의 구체적 사업 계획 입안부터 담당자 인선, 편찬 강령 작성 등 모든 과정에서 중심적인 역할을 했다.

구로이타는 『조선사』 편찬을 위한 구체적인 계획 수립과 사업에 투입할 전문학자들의 선발 등에 대해 중국사 권위자였던 교토제국대학 교수 나이토 고난에게 도움을 청했다. 실제로 조선사편찬위원회 구성 직후 개최된 제1회 편찬위원회에서 위원장직을 맡은 정무총감 아리요시는 구로이타와 나이토에게 편찬위원회의 조직에 특별한 공로가 있다고 감사의 인사까지 한 것으로 보아 나이토도 이 사업에 크게 관여하고 있었다. 나이토는 이나바 이와키치를 추천했고, 이나바는 간사로서 『조선사』 편찬 사업을 주관하게 되었다.

그런데 조선사편찬위원회의 성립은 비밀리에 추진된 것으로 보인다. 나이토가 이나바에게 보낸 1922년 10월 11일 자 편지에는 '구반도사파(舊半島史派)'와 1916년부터 조선총독부 산하에 설치된 '고적조사위원회'에 참여했던 '고적조사파'를 경계하는 내용이 담겨 있었다. 바로 이마니시 류와 오다 쇼고를 가리키는 것으로 보인다. 두 사람은 『조선반도사』와 고적 조사에 모두 참여한 인물이었다. 그리고 도쿄제국대학 공학부 교수로서 세키노 다다시(關野貞)는 고적 조사에만 관여했다. 이러한 정황으로 보아 구로이타는 나이토와 함께 기존 '구반도사파'와 '고적조사파'를 배제하고, 이나바를 통해 조선사편찬위원회의 주도권을 장악하고, 조선총독부 '수뇌부' 즉, 아리요시 정무총감과 조선사 편찬을 계획·추진했다는 학계의 주장이 있다.

먼저 나이토가 이나바에게 보낸 편지를 살펴보자.

이나바는 1936년 무렵 회갑을 맞아 과거를 회상하면서 자신이 『조선사』 편찬에 투입된 사연을 이야기했다. 즉 1922년 9월 말부터 자료 수집을 위해 다롄(大連), 베이징(北京), 톈진(天津) 등을 다니던 중 스승 나이토가 편지를 보내왔는데, 그 내용은 이나바를 『조선사』 편수 사업에 추천했으니, 서둘러 경성으로 가서 정무총감 아리요시를 만나보라는 내용이었다고 한다. 이 편지는 나이토가 이나바에게 1922년 10월 7일에 보낸 것이었다. 이나바는 편지를 받자마자 바로 경성으로 출발했고, 나이토는 4일 후인 10월 11일 이번에는 경성으로 편지를 보내 사업에 참여할 것을 당부하며 경성에서 몇 가지를 알아보라고 했다. 이나바는 스승 나이토의 지시를 받아 아리요시 정무총감을 만났고, 일본으로 돌아와 나이토와 구로이타까지 만나 사업 참여를 받아들였다. 특히 10월 11일의 편지에는 대강 다음과 같은 부분이 보인다.

> … 대형(大兄, 이나바를 가리킴)이 지금은 육군대학에 재직 중이나, … 이번 일(『조선사』 편수 사업, 인용자)을 받아들이는 것이 마땅하다고 생각합니다. 다만 이곳(교토)에 올 때 경성에서 다음의 일을 알아보는 것이 좋을 것입니다. 사업에 대해 조선인을 몇 사람, 어디에 사용하고, 또 봉급 지출 등의 예정이 있는가, 없는가?, 종래 반도사편찬원은 이 사업에 들어올 예정인가, 그렇지 않은가?(그럴 리가 없겠지만), …경성에서 가능한 빨리 일단락 짓고 교토로 오고, … 도쿄로도 가서 구로이타와 상담하고, … 구반도사파, 고적조사파 기타에 대한 관계는 상당히 미묘한 문제이므로 이번은 총독과 정무총감에 대하여 대체적인 것은 승낙하고 세밀한 계획은 뒤로 미루는 것이 좋을 것입니다.

이 편지의 내용을 근거로 학계에서는 조선사편찬위원회가 준비 단계에서 학자들의 선발에서 '반도사파'를 배제했음을 설명하기도 한다. 조선총독부의 기존 학술조사사업에 참여해 조선에 대한 조사와 연구에서 주도권을 쥐고 있던 세력을 상당히 경계하면서 이번 새로운 사업에서는 배제하려 했다는 것이다.

또 나이토는 조선사편찬위원회 규정이 발표되기 전인 1922년 11월 18일 자로 이나바에게 다시 편지를 보냈다.

> … 오다(小田) 씨가 제출한 것이 비위에 거슬리는데, 우리들을 관료배의 뜻대로 되는 것처럼 하는 것은 큰 잘못입니다. … 다음의 건을 아리요시 정무총감에게 알리고, 정무총감이 동의하면, 오다 씨에게 전해주는 것이 어떨까 합니다.
>
> ○ 조선인 고문은 정치가 부류가 아닌 학자로서 인정되는 인물을 선택할 것
>
> ○ 고문 위촉은 임명의 형식을 취하지 않고 간청, 추천의 형식을 취할 것
>
> ○ 고문의 수당(이 두 글자는 불쾌하지만), 여비 등은 포괄적으로 … 귀형(貴兄, 이나바를 가리킴)의 수중에 장악할 것
>
> … 저는(나이토) 처음부터 추천자로부터 고문으로 곧장 들어가는 것보다는 잠시 권외에서 살펴본 후에 진퇴를 결정하는 쪽이 장래에 편의가 많지 않을까 생각합니다.

나이토는 오다를 가리켜 관료배의 부류라고 했다. 실제로 오다는 중추원 편찬과 과장으로 '반도사 편찬'을 주도했고, 1921년부터는 학무국 안에 신설된 고적조사과장도 겸하고 있었는데, 학자라기보다 관료적 성격이 강한 인물이었다. 또한 나이토가 보기에 오다는 기존 조선총독부가 진행해 온 역사 및 고적조사사업의 실질적 주도권을 쥔 실세였다. 이에 나이토는 이나바에게 조선사편찬위원회의 예산집행권까지 장악하도록 당부하였다. 실질적으로 이나바가 편찬위원회를 장악하란 말이었다.

또 한가지 주목되는 것은 고문 위촉 과정에서 불거질 수 있는 분란의 소지를 나이토가 재치 있게 비껴가는 상황이 보인다는 점이다. 나이토는 고문은 임명이 아니라, 간청이나 추천의 형식으로 모시되, 자신은 조선총독부와는 그동안 관계가 없었던 입장이므로, 일단 사업의 전면에 나서지 않고, '권외'로 있겠다고 했다. 실제로 나이토와 구로이타가 조선사편찬위원회의 실질적 출범을 주도한 것이 공공연함에도 불구하고, 편찬위원회 초기에 위원이나 고문에 이름을 올린 사람들은 권중현, 이완용, 박영효와 같은 몇몇 친일 조선 귀족들이었다. 나이토와 구로이타가 공식적인 직함을 갖게 된 것은 조선사편수회로 기구가 확대·개편된 1925년 이후였다.

구로이타 또한 나이토와 마찬가지로 소위 '반도사파'를 견제했다는 정황이 있다. 구로이타는 1924년 8월 5일 개최된 제4회 조선사편찬위원회에서 아무런 공식 직함 없이 참석했다. 이 회의 끝무렵 즈음, 구로이타는 다음과 같은 발언을 했다.

> … 조선에도 머지않아 대학이 설립되므로 대학과 관련해서 사업의 진행을 꾀하는 것도 한 가지 방법이라고 생각합니다. 하지만 대학 교수는 학술을 연구하는 동시에 한편으로는 학생을 지도할 책무가 있기 때문에 편찬 사업과 같은 격무에 시달리면, 사무의 진행상 지장이 있을 것입니다. 그런 까닭에 도쿄대학에서도 대학 교수와 사료편찬관의 직무는 확연히 구별되고 있습니다. … 사무상으로는(대학과는) 확연하게 구별하는 것이 가장 좋은 방법이라 생각합니다. …

여기서 구로이타가 말하는 대학 교수란 바로 1924년 개교한 경성제국대학 예과의 교수 즉, 오다와 이마니시를 가리킨다. 그런데 구로이타 자신은 1901년 사료편찬괘의 사료편찬원이었고, 1902년에는 도쿄제국대학 문과대학 강사를 거쳐 1905년 사료편찬관 겸 도쿄제국대학 조교수, 1919년에는 교수 승진과 동시에 사료편찬괘의 사무 주임까지 겸해 사료편찬 사업을 주관한 상황이었다. 그런 그가 이러한 발언을 한 것은 과연 누구를 겨냥한 것이었을까? 게다가 구로이타는 1933년에는 경성제국대학 교수 다보하시 기요시(田保橋潔)를 『조선사』 제6편의 편수 책임자로 적극 추천하기까지 했다. 이러한 여러 가지 정황을 종합하면, 분명 이 시기 구로이타는 오다와 같은 식민지 역사학계를 선점한 세력을 견제하고, 자신이 새로운 편수 사업의 헤게모니를 장악하려는 의도로 발언했다고 할 수 있겠다.

그렇다면 구로이타와 나이토는 단지 사업의 주도권을 쥐기 위해 이마니시 류와 오다 쇼고 등 조선 역사학에서 일본인 연구자로는 거물급이었던 이들을 배제하려 했던 것일까? 아니면 『조선반도사』와는 이제 다른 성격의 사료집으로서의 『조선사』를 편찬한다는 취지였기 때문일까? 사료집으로서의 수사 작업을 한다고 해서 굳이 이마니시와 오다를 경계할 필요가 있었을까? 등등 궁금한 점은 한두 가지가 아니다. 구로이타의 '반도사파' 배제설을 좀 더 자세히 살펴보자.

먼저 구로이타와 오다 쇼고와의 관계를 보자.

① 오다와 구로이타 갈등설

일본 최고의 대학 도쿄제국대학 교수 구로이타와 식민지 최고의 학부인 경성제국대학 교수이자 식민지 현장의 교육 관료로 실무 감각까지 갖춘 오다 쇼고의 대립이라고 할 수 있겠다.

오다 쇼고는 학문적 성향으로 볼 때 연구에 충실한 순수 학자라기보다 사실 행정 관료에 가까웠고, 학회 구성과 운영 등에 능한 스타일이었다. 그는 인적 네트워크를 통해 거의 식민지 역사학계 그리고 역사 교육학계의 어느 누구와도 연결되는 마당발이었다. 오다를 거치면 어떤 연구자이든, 관료이든 다 연결되는 중심축이었다고 할 만하다. 그러나 학문적으로는 역량이나 전문성 면에서 사실 순수 학문 연구자로 인정하기는 다소 어려웠다. 따라서 사료집으로 편찬되는 『조선사』 편수 작업에서 제외되었을 가능성이 컸다. 이와 관련해 오다 쇼고가 구로이타 가쓰미 등의 견제로 조선사편수회 사업에서 소외되었다는 점에 대해 조금 다른 해석을 한 연구도 있다.

사실 오다는 조선사편찬위원회와 그 후신인 조선사편수회에 모두 위원으로 참여했다. 그는 1922년 12월 28일 조선사편찬위원회 출범 당시 위원 명단에는 없다. 그러나 1923년 4월 25일, 이왕직(李王職) 차관 시노다 지사쿠(篠田治策)와 함께 위원에 임명되었다. 또 조선사편수회에는 1925년 7월 20일 설립 당시부터 위원에 임명되었다. 조선사편수회의 『조선사』 편수 사업과 동시에 이왕직에서 진행하는 『고종실록』 『순종실록』 편찬 사업을 오다가 주관했는데, 이 『고종실록』 『순종실록』은 바로 오다가 그 이전에 관여했던 『조선반도사』와 『조선사대계 최근세 편』의 연장선에서 일본이 고종 시대에 '망국의 프레임'을 씌우는 최종 단계였다는 것이 학계의 평가이다. 따라서 오다와 구로이타의 대립은 개인적 견해차이나 식민주의 사학의 주도권을 둔 경쟁 관계일 수는 있어도, 기본적으로 총독부 주도의 관제 사학 시스템 안에서 관료 출신인 오다와 학자 출신인 구로이타가 모두 '정부 사업'으로 막대한 예산 지원을 받아 사업을 추진하는 상황에서 역할이 달랐을 뿐이라고 볼 수 있다는 것이다. 즉, 이왕직의 오다는 왕조의 역사라는 측면에서 『고종실록』·『순종실록』을, 구로이타 측은 다보하시를 내세워 『조선사』의 마지막 제6편의 편찬을 진행했다는 것이다.

『조선사』는 1894년 6월에서 끝나며, 대한제국기와 병합사를 다루지 않았다. 이 시기는 일본에 의한 국권 침탈 과정이 드러나는 부분이고, 당대 조선인들이 살면서 직접 겪은 생생한 부분일 뿐만 아니라, 막대한 대한제국 정부의 기록물이 존재한다는 상황을 고려하면, 조선사편수회는 의도적으로 이 시기를 피했다고 볼 수 있다. 구로이타는 『조선사』의 하한을 1894년까지로 잡은 것에 대해 "어제 일어난 일까지 수록하고 싶지만 도저히 불가능한 일이고, 정부 사업인 이상 정확하고 세밀해야 하기 때문에" 보통 50년 전후를 종기(終期)로 잡는다고 했다. 1895년 이후 사료 편찬에 부담을 느낀다는 표현을 이런 식으로 둘러댄 것이었다. 실제로 조선사학회의 『조선사대계 최근세사』도 있었지만, 그것은 총독부가 직접 발행한 책이 아니었다. 따라서 이 책이 대한제국 병합 과정을 다루기는 했어도 총독부 시정에 직접적인 부담을 주지는 않았다. 그러나 『조선사』의 경우 엄밀한 사료 고증을 거쳐야 하는 성격상 의도적으로 병합을 합리화하는 사료들을 선별해 저술할 경우 조선인들의 민족주의적 감정을 자극할 우려가 컸다. 결국 을미사변과 같은 범죄에서부터 불법적 강제 병합에 해당되는 시기는 『조선사』에서 제외되었고, 이 부분은 『고종실록』, 『순종실록』에서 담당하게 되었다. 그런 점에서 '전통'에 따른 『고종실록』, 『순종실록』 편찬과 근대 역사학적 방법에 의한 『조선사』 편찬은 전혀 별개의 사업이 아닌 연계된 사업으로 볼 수 있다. 오다와 구로이타의 갈등 문제에 대해서는 갈등이 없었다는 것은 아니더라도, 식민지 역사 편찬 사업에서의 서로 다른 영역을 담당했다고 보는 '역할 분담설'도 상당히 설득력 있는 견해라고 할 수 있다.

② 이마니시와 구로이타 갈등설

이마니시는 교토제국대학과 경성제국대학 교수를 겸임하고 있었고, 조선 고대사 연구로 문학 박사 학위까지 받은 조선사 연구의 최고 권위자였다. 구로이타가 그를 배제하려 했다면, 아마 조선사를 보는 관점이 이마니시와 달랐기 때문이라는 설명이 있다.

이마니시는 한반도 남부에 거주하던 한(韓) 종족을 중심으로 조선사를 인식했고, 『조선반도사』의 상고사 부분을 집필했다. 구로이타 입장에서는 3·1운동 이후 조선인의 항일의식이 고조된 가운데, 일선동조론의 논리를 펼 경우 조선인의 반감을 불러일으킬 수 있다는 판단에서 이마니시를 배제했을 가능성이 크다는 것이다. 그러나 이마니시도 일선동조론을 주장한 학자는 아니었다. 따라서 이마니시가 『조선반도사』의 집필에 참여했다고 해서 그것이 『조선사』 편찬에서 배제된 이유라고 보기는 어렵다.

〈그림 18〉 이마니시 류

출처: 교토대학 문서관

오다에 비하면 이마니시는 고대사에 해당하는 『조선사』 제1 · 2편(통일신라까지)의 편찬을 책임지는 등 편찬위원회와 편수회에서 어느 정도 역할을 맡고 있었으나, 『조선사』의 기획 단계에서는 해외 유학 중이었다. 또한 1926년 6월부터 교토제국대학 교수와 경성제국대학 교수를 겸했기 때문에 물리적 시간으로 볼 때 사실상 조선사편수회에 참석한다는 것은 그리 쉽지는 않았을 것이다. 그러나 이마니시는 1922년 6월 조선사로 일본에서 처음으로 박사학위를 받았고, 교토제국대학 교수였으므로, 그의 학문적 권위는 조선사편수회의 입장에서도 매우 상징적이고 절실했다.

구로이타 등이 이마니시를 배제했다는 연구들에 따르면 그 근거 내용은 다음과 같다. 이마니시가 『조선사』 제1 · 2편 주임을 맡고 있던 상황에서 구로이타 가쓰미와 이나바 이와키치를 편수회 내부에서 뒷받침해 주던 나카무라와 스에마쓰가 1928년 이전에는 촉탁과 수사관보로, 1928년에는 수사관으로 실질적인 업무를 담당했다. 나카무라와 스에마쓰의 활약으로 이마니시와 오다의 참여도나 활동은 더욱 뜸해졌다. 물론 이마니시와 오다의 위상과 명성이 『조선사』 편찬에 필요했으며, 두 사람은 편찬위원회와 편수회의 위원으로 사업에 참여했다. 그렇기는 하나 '위원'의 역할은 매우 제한적이었다. 오다의 경우 조선사학회 회장으로서 미완성으로 끝난 『조선반도사』의 성과를 『조선사대계』로 편찬하거나, 이왕직이 추진하던 『고종실록』 · 『순종실록』 편찬 업무에 주력했다.

한편 1926년 8월 16일, 수사관 이나바의 방에서 편수타합회(編修打合會)가 열렸다. 이때 이마니시의 연구실을 도서 이용의 편리함을 위해 편수회 내로 옮기자는 제안이 나왔다. 그러나 이나바와 구로이타는 이에 대한 논의 자체를 피했고, 회의는 결론 없이 종료되었다. 이마니시의 연구실이

편수회 내로 이전될 경우, 그는 편수회로 매일 출근하게 될 것이고, 결국 편수회 내에서 영향력이 커질 것을 염려했기 때문이다. 이후 이마니시는 편수회에 거의 참여하지 않았다.

수사관보로 이마니시를 보좌하며 『조선사』 제1 · 2편 편찬에 종사한 스에마쓰는 당시 해당 부분 편찬 방식에 대해 '이마니시 선생은 제1 · 2편부의 주임이셨지만, 출근을 하지는 않았다. 1~2주에 한 번 내가 한 일을 선생의 집에 가져가면 보고 질문에 답해주는 것'이었다고 회상했다. 즉, 이마니시는 오다에 비해 『조선사』 편찬에서 중요한 역할을 맡았으나, 실제로는 거의 모습을 드러내지 않았다.

결국 사업이 진척되어 원고 작성이 준비되고, 편수회 내부 정비가 어느 정도 일단락되어 가던 1927년 3월, 이마니시는 편수회에 사직서를 제출했다. 그만큼 구로이타, 이나바 등과의 갈등이 심했던 것이다. 그리고 회의 석상에서 편수회 위원은 원고 심의 등에 아무런 권한이 없는 상황을 지적하며, 적어도 2개월에 한 번은 위원회를 열어 편수회 사무 전반을 감독해야 한다고 주장했다. 그러나 구로이타는 그 많은 사료를 일일이 위원들의 심사까지 거친다는 것은 어렵다는 이유로 거절했다.

이마니시가 지적한 원고 검토와 관련된 부서는 이나바, 홍희, 나카무라의 세 사람으로 구성되어 2주마다 회합하며 『조선사』 초고를 심의 · 결정하는 '심의부'였다. 『조선사』의 원고는 심의부에서 심의했기 때문에 따로 회의에 부치지 않고, 회장의 결재를 받아 바로 인쇄로 넘겨졌다. 이마니시는 구로이타와 이나바를 비롯한 소수에게 집중된 편수회 운영 방식에 공식적으로 이의를 제기한 것이다.

조선사 최고의 권위자였던 이마니시가 사표를 낸 것은 『조선사』 편찬에 큰 타격이었다. 사태가 매우 심각했으므로, 나이토가 수습에 나섰다. 나이토는 이나바에게 이마니시를 설득하고, 편수회 사무에 협조를 구하라고 당부했다.

이마니시의 사표는 반려되었고, 이마니시가 편수회의 심의부에 참여해 『조선사』 최종 원고 결정에 개입할 여지가 마련되면서 위상이 어느 정도 확보되는 선에서 갈등은 마무리되었다. 그러나 이마니시는 『조선사』 제1·2편도 끝내지 못한 채 1932년 5월 갑작스럽게 세상을 떠났다. 이상이 이마니시가 조선사편수회에서 구로이타 계열에 의해 견제되었다는 정황을 입증하는 연구들의 내용이다.

물론 이마니시의 조선사편수회 참여에 대한 다른 견해의 연구도 있다. 즉, 어쨌든 결국 이마니시가 『조선사』 제1·2편의 주임이었기 때문에 그의 관점대로 편찬되었다는 것이다. 사실 『조선사』 제1·2편은 고대사에

〈그림 19〉 조선사편수회 야유회

출처: 『중앙일보』, 2009.4.3.

해당하기 때문에 홍희, 이나바, 나카무라의 전공 전문성은 아무래도 떨어졌다. 고대사 연구의 권위자였던 이마니시에게 의지할 수밖에 없는 부분이었다. 그런데 이것은 바꿔 말하면 『조선사』 전체에서 분량이 적었던 제1·2편에서만 이마니시가 전문성을 발휘했다는 것이다. 대부분의 분량을 차지하는 제4·5·6편을 구로이타의 준재였던 나카무라와 스에마쓰, 그리고 구로이타의 복심이라 할 이나바가 담당했다. 어쨌든 편수회 입장에서는 고대사 연구의 최고 권위자인 이마니시가 필요했다. 이는 최남선의 단군 기사 사료 수록 주장에 대해 학술적으로 이를 차단할 수 있는 전문 위원이 이마니시밖에는 없었다는 것과도 관련이 깊다. 이렇게 조선사편수회에서 오다 쇼고와 이마니시 류에 대한 구로이타 등의 견제는 갈등 자체가 있었다고 하더라도 일본의 식민지 수사사업이라는 국가적 프로젝트 속에서 결국 갈등을 봉합하고 타협해 가는 과정을 거치면서 지속되었다고 할 수 있다.

3) 조선사편수회로의 조직 확대

(1) 조선사편수회의 관제 및 인적 구성

1923년 12월 조선총독부 훈령 제64호로 「조선사편찬위원회 규정」이 공포되어 출범한 조선편찬위원회는 중추원의 부속기관이었다. 그런데 1925년 6월 칙령 제218호로 「조선사편수회관제(朝鮮史編修會官制)」가 공포되고 총독부 직할의 독립 기구인 조선사편수회로 전환되면서 그 위상은 강화되었다. 수사관·수사관보 자리가 마련되어 안정적으로 사업을 추진할 수 있게 되었다. 또 최남선(崔南善, 1890~1957) 등 조선인 학자를 참여시켜 전문성을 갖춘 편수 인력을 재정비하고, 12년 동안에 '조선사편수'를 완료하겠다는 계획을 수립했다.

'편찬위원회'에서 '편수회'로 변화하는 것은 어떤 의미를 지니고 있었을까?

이는 역사서를 편찬한다는 의미를 좀 더 강화한 것이었다. '편찬(編纂)'이란 단순히 문서나 원고를 정리해 서적으로 출간한다는 의미이지만, '편수(編修)'란 역사서를 편찬한다는 의미를 담고 있다.

일본 정부는 당초 조선사편수회 관제를 허가하지 않았다고 한다. "식민지 역사를 일본인 손으로 편찬하는 것은 통치에 정반대된다"는 이유에서였다. 조선의 역사를 인정하고 싶지 않았던 것이다. 이에 구로이타는 당시 내무대신이던 미즈노 렌타로(水野錬太郎)에게 '조선사를 하지 않으면 일본사를 알 수 없다'고 하여, 이 한마디로 조선사편수회 관제가 바로 통과되었다는 일화가 전한다. 그리하여 1922년 12월 조선사편찬위원회가 설치된 이래 1938년 3월까지 16년간에 걸쳐 총 90여 만 엔의 경비가 투입되어 총 6편 35권의 『조선사』가 간행되었다.

조선사편수회 관제(칙령 제218호)

제1조 조선사편수회는 조선총독의 관리하에 속하며 조선 사료의 수집 및 편찬과 조선사의 편수를 담당한다.

제2조 조선사편수회는 회장 1인, 고문 및 위원 약간 명으로 조직한다.

제3조 회장은 조선총독부 정무총감으로 한다. 고문 및 위원은 조선총독의 주청(奏請)에 의하여 내각에서 이를 임명한다.

제4조 회장은 회무(會務)를 총리(總理)한다. 회장이 사고가 있을 때에는 회장이 지명한 고문 또는 위원이 그 사무를 대리한다.

제5조 조선사편수회에 간사 약간인을 두며 조선총독의 주청에 따라 조선총독부 부(部) 내의 고등관 중에서 내각에서 이를 임명한다. 간사는 회장의 지휘를 받아 서무(庶務)를 정리(整理)한다.

제6조 조선사편수회 사무에 종사하도록 하기 위해 아래(좌)의 직원을 둔다.

수사관	전임 3인	주임(奏任)
수사관보	전임 4인	판임(判任)
서기	전임 2인	판임(判任)

제7조 수사관은 회장의 명을 받아 조선 사료의 수집 및 편찬과 조선사 편수의 사무를 담임한다.

수사관보는 상사의 지휘를 받아 조선 사료의 수집 및 편찬과 조선사편수의 사무에 종사한다.

서기는 상사의 지휘를 받아 서무에 종사한다.

부칙

본령은 공포일로부터 시행한다.

내각총리대신 자작(子爵) 가토 다카아키(加藤高明)

『조선총독부관보』 3846호, 1925.6.12.

이 조선사편수회관제를 조선사편찬위원회 규정과 비교해 보면, 조선 사료의 수집 및 편찬과 조선사 편수를 담당한다는 목적이 같았고, 회장은 조선총독부 정무총감이 겸임한다는 규정 또한 같았다. 달라진 점은 고문과 위원을 조선 총독의 요청에 따라 '일본 내각'에서 임명한다는 조항, 간사도 조선 총독의 요청에 따라 조선총독부 내의 고등관 중에서 내각이 임명한다는 조항으로 그 직위가 격상되었다는 점이다. 편수회의 사업 자체가 총독 직할 사업이 된 것이다. 이에 따라 예산이나 집행, 사업의 모든 과정이 철저하게 총독부의 관리와 감독을 받게 되었다.

무엇보다도 인력 확충을 통한 조직의 확대가 크게 달라진 점이었다. 조선사편수회 사무를 위해 전임 수사관 3인, 수사관보 4인, 서기 2인을 두게 되었다(제6조). 그리고 이 전임 수사관과 수사관보가 조선 사료의 수집 및 편찬과 조선사 편수 사무를 전담(제7조)하게 하여 기존의 위원회 체계가 아닌 전임 직원 체제로 위원의 안정적 지위와 전문성을 확보하려 했다.

〈그림 20〉 조선사편수회 회장과 위원, 고문들

출처: 『조선사편수회사업개요』

〈표 3〉 조선사편수회 임원진(1925~1945)

	이름	기간	취임 당시 관직 및 비고
회장	시모오카 주지(下岡忠治)	1925.6.6~1925.11.22	정무총감, 사망
	유아사 구라헤이(湯淺倉平)	1925.12.3~1927.12.23	정무총감, 의원면관
	이케가미 시로(池上四郎)	1927.12.23~1929.4.4	정무총감, 사망
	고다마 히데오(兒玉秀雄)	1929.6.22~1931.6.19	정무총감, 의원면관
	이마이다 기요노리(今井田淸德)	1931.6.19~1936.8.5	정무총감, 의원면관
	오노 로쿠이치로(大野綠一郎)	1936.8.5	정무총감
고문	이완용(李完用)	1925.7.20~1926.2.12	중추원 부의장, 후작, 사망
	권중현(權重顯)	1925.7.20~1934.3.19	중추원 고문, 자작, 사망
	박영효(朴泳孝)	1925.7.20~1939	중추원 고문, 후작
	나이토 도라지로(內藤虎次郎)	1925.9.22~1934.6.26	교토제국대학 교수, 사망
	핫토리 우노키치(服部宇之吉)	1925.9.22	도쿄제국대학 교수
	구로이타 가쓰미(黑板勝美)	1925.9.22	도쿄제국대학 교수
	야마다 사부로(山田三良)	1933.9.8~1936.1.16	경성제국대학 교수, 의원면관
	이윤용(李允用)	1934.4.17	중추원 고문
	하야미 히로시(速水滉)	1936.3.7	경성제국대학 총장
위원	이쿠타 세이자부로(生田淸三郎)	1925.7.20~1929.11.8	중추원 서기관장, 의원면관
	시노다 지사쿠(篠田治策)	1925.7.20	이왕직 차관
	이진호(李軫鎬)	1925.7.20~1929.1.19	학무국장, 의원면관
	오다 쇼고(小田省吾)	1925.7.20	총독부 사무관
	유맹(劉猛)	1925.7.20~1930.3.21	중추원 참의, 사망
	어윤적(魚允迪)	1925.7.20~1935.3.7	중추원 참의, 사망
	이마니시 류(今西龍)	1925.7.20~1932.5.20	교토제국대학 조교수, 사망
	야마자키 마사오(山崎眞雄)	1925.7.20~1928.3.30	중추원 서기관, 전임(轉任)
	이능화(李能和)	1925.7.20	총독부 사무관
	이병소(李秉韶)	1925.7.20	
	윤영구(尹寗求)	1925.7.20	

	고타케 기미요시(高武公美)	1928.5.22~1929.10.28	중추원 서기관, 전임
	최남선(崔南善)	1928.12.20	촉탁
	이마무라 다케시(今村武志)	1929.12.4~1931.7.22	중추원 서기관장, 의원면관
	다케베 긴이치(武部欽一)	1929.12.5~1931.7.1	학무국장, 의원면관
	하리마 겐시로(張間源四郞)	1930.1.18~1932.2.12	중추원 서기관, 의원면관
	하야시 시게조(林繁藏)	1930.7.15~1937.10.30	재무국장, 의원면관
	우시지마 쇼조(牛島省三)	1931.11.7~1936.5.21	중추원 서기관장, 의원면관
위원	하야시 시게키(林茂樹)	1931.11.7~1933.8.4	학무국장, 의원면관
	오타니 쇼신(大谷勝眞)	1931.11.7	경성제국대학 교수
	마쓰모토 이오리(松本伊織)	1932.3.4~1934.11.5	중추원 서기관, 전임
	후지타 료사쿠(藤田亮策)	1933.4.13	경성제국대학 교수
	와타나베 도요히코(渡邊豊日子)	1933.9.8~1936.5.21	학무국장, 의원면관
	오타케 주로(大竹十郞)	1936.6.3	중추원 서기관장
	도미나가 후미카즈(富永文一)	1936.6.3~1937.7.3	학무국장, 의원면관
	미즈타 나오마사(水田直昌)	1937.11.9	재무국장
	야마자키 마사오(山崎眞雄)	1925.7.20~1928.3.31	중추원 서기관, 전임
	김동준(金東準)	1925.7.21~1925.9.10	중추원 서기관, 전임
	이나바 이와키치(稻葉岩吉)	1925.7.21~1937.6.26	총독부 수사관, 의원면관
	정교원(鄭僑源)	1925.9.18~1928.3.30	중추원 통역관 겸 서기관, 전임
	고타케 기미요시(高武公美)	1928.5.22~1929.10.28	중추원 서기관, 전임
	이동진(李東鎭)	1928.5.22~1928.7.27	중추원 통역관 겸 서기관, 사망
간사	손영목(孫永穆)	1928.12.4~1929.10.28	중추원 통역관 겸 서기관, 전임
	엄창섭(嚴昌燮)	1929.12.3~1934.12.12	중추원 통역관 겸 서기관, 전임
	하리마 겐시로(張間源四郞)	1929.12.12~1932.2.12	중추원 서기관, 의원면관
	마쓰모토 이오리(松本伊織)	1932.2.16~ 1934.11.5	중추원 서기관, 전임
	고타키 모토이(上瀧基)	1933.12.8~1936.6.3	중추원 서기관, 전임
	김대우(金大羽)	1934.2.15~1936.5.28	중추원 통역관 겸 서기관, 전임
	노세타니 간료(野世溪閑了)	1934.12.12~	중추원 서기관
	신가이 하지메(新貝肇)	1936.6.30~1937.7.3	인사과장 전임

	김병욱(金秉旭)	1936.7.17~	중추원 통역관 겸 서기관
서기	현양섭(玄陽燮)	1925.6.6~1934.8.28	중추원 고원 의원면관
	가네코 마사키요(金子正潔)	1925.8.18~1928.3.18	중추원속 의원면관
	김용적(金容迪)	1925.8.18~1930.12.23	중추원속 의원면관
	오노 도쿠조(小野德三)	1925.9.28~1929.4.5	의원면관
	가쓰라기 스에지(葛城末治)	1929.2.17~1936.8.22	수사관보, 수사관에 임명됨
	가치 세이지로(可知淸次郎)	1933.7.14	중추원속, 겸임
	마에다 고조(前田耕造)	1935.4.12	촉탁

출처: 조선총독부 조선사편수회, 『조선사편수회사업개요』, 조선총독부 조선사편수회, 1938.

〈표 4〉 조선사편수회 수사관 및 수사관보, 촉탁

	이름	기간	취임 당시 관직 및 비고
수사관	이나바 이와키치(稻葉岩吉)	1925.6.25~1937.6.26	촉탁, 의원면관
	후지타 료사쿠(藤田亮策)	1925.6.25~1926.6.23	전임
	홍희(洪憙)	1925.6.25~1935.1.7	촉탁, 사망
	나카무라 히데타카(中村榮孝)	1928.12.27.~1937.6.26	촉탁, 의원면관
	스에마쓰 야스카즈(末松保和)	1935.4.13~1935.6.8	수사관보, 전임
	가쓰라기 스에지(葛城末治)	1936.8.22~1937.3.31	중추원속 겸 조선총독부 수사관보, 전임
	신석호(申奭鎬)	1938.9.22	수사관보
수사관보	다카하시 다쿠지(高橋琢二)	1925.6.6~1933.6.30	중추원 촉탁, 의원면관
	가쓰라기 스에지(葛城末治)	1925.8.8~1936.8.22	중추원속, 수사관에 임명됨
	이병도(李丙燾)	1925.8.8~1927.5.30	의원면관
	쓰루미 다쓰키치(鶴見立吉)	1925.8.18~1928.4.14	의원면관
	우시오다 후키조(潮田富貴藏)	1927.5.31~1927.8.24	의원면관
	스에마쓰 야스카즈(末松保和)	1928.3.21~1935.4.13	촉탁, 수사관에 임명됨
	신석호(申奭鎬)	1930.5.2~1937.9.22	촉탁, 수사관에 임명됨
	하기와라 히데오(萩原秀雄)	1933.6.31~1936.3.6	촉탁, 의원면관
	다가와 고조(田川孝三)	1935.4.2	촉탁
	이종명(李鍾明)	1936.3.12~1937.5.10	고원(雇員) 의원면관

	이나바 이와키치(稻葉岩吉)	1925.6.6~1925.6.25	중추원 촉탁, 수사관에 임명됨
	사사카와 다네오(笹川種郎)	1925.6.6~1925.8.31	해촉
	홍희(洪憙)	1925.6.6~1925.6.25	중추원 촉탁, 수사관에 임명됨
	세노 우마쿠마(瀨野馬熊)	1925.6.6~1935.5.20	중추원 촉탁, 사망
	이와타니 다케이치(岩谷武市)	1925.7.25~1928.6.6	중추원 촉탁, 해촉
	가와구치 우키쓰(川口卯橘)	1925.7.25~1931.12.17	사망
	시부에 게이조(澁江桂藏)	1925.11.4~1934.4.16	사망
	나카무라 히데타카(中村榮孝)	1926.5.31~1927.12.31	수사관에 임명됨
	이마니시 류(今西龍)	1926.9.28~1932.5.20	경성제국대학 교수, 사망
	박용구(朴容九)	1926.12.31~1932.1.23	사망
	스에마쓰 야스카즈(末松保和)	1927.5.13~1928.3.21	수사관보에 임명됨
	이병도(李丙燾)	1927.5.31~	
	육종윤(陸鍾允)	1927.6.10~1927.7.20	해촉
	권중익(權重翼)	1927.7.31~1927.12.16	사망
촉탁	김태두(金台斗)	1927.10.20~1928.12.20	해직
	조중관(趙重觀)	1928.3.31~1932.1.23	해직
	최남선(崔南善)	1928.10.8~1936.6.25	해촉
	신석호(申奭鎬)	1929.4.27~1930.5.2	수사관보에 임명됨
	하기와라 히데오(萩原秀雄)	1929.6.17~1933.6.31	수사관보에 임명됨
	구찬서(具瓚書)	1929.6.20~1936.4.23	사망
	조한직(趙漢稷)	1929.12.31~1938.3.15	해촉
	윤용균(尹瑢均)	1930.4.15~1931.9.14	사망
	이마무라 도모(今村鞆)	1930.7.21~1931.12.21	해촉
	소노다 요지로(園田庸次郎)	1931.9.30~	고원
	마에다 고조(前田耕造)	1932.12.31~1935.4.12	고원, 서기에 임명됨
	다보하시 기요시(田保橋潔)	1933.3.15~	경성제국대학 교수
	다가와 고조(田川孝三)	1933.3.31~1935.4.12	수사관보에 임명
	스도 요시유키(周藤吉之)	1933.9.15~1936.10.24	해촉
	마루가메 긴사쿠(丸龜金作)	1933.9.15~	

촉탁	구로다 쇼조(黑田省三)	1934.4.30~	
	이시하라 도시오(石原俊雄)	1934.4.30~1937.3.15	해촉
	마쓰오카 이와오(松岡巖)	1934.6.18~1936.11.29	사망
	스에마쓰 야스카즈(末松保和)	1935.6.18	경성제국대학 조교수
	다나카 한지로(田中半次郎)	1936.6.30~1937.3.15	해촉
	후지이 세이치(藤井誠一)	1936.6.30~1937.3.15	해촉
	이나바 이와키치(稻葉岩吉)	1937.6.26	
	나카무라 히데타카(中村榮孝)	1937.6.26	

출처: 조선총독부 조선사편수회, 『조선사편수회사업개요』, 조선총독부 조선사편수회, 1938.

1925년 6월, 조선사편수회관제가 공포되자마자 시모오카 주지(下岡忠治) 정무총감이 조선사편수회 회장에 취임했다. 그리고 6월 25일 자로 이나바 이와키치, 후지타 료사쿠, 홍희가 수사관에 임명되었다. 조선인으로는 유일하게 홍희가 수사관에 임명된 것은 주목할 만하다. 이전 『조선반도사』 편찬 사업 때에는 편집 주임이나 집필자는 전원 일본인이었다. 그런데 조선인을 수사관에 바로 임명한 것은 그만큼 사료 선별과 해독 작업에서 홍희가 없으면 사업 자체가 진행될 수 없을 만큼 그의 한문 해독 실력이 탁월했고, 편수 작업에서 절대적으로 중요한 인물이었기 때문이다. 그는 주로 일본인 수사관들을 위해 자료를 선별해 주고, 해석까지 해주었다. 더 나아가 홍희는 『승정원일기』, 『비변사등록』 등 읽기조차 힘든 사료들을 알아보기 쉽게 옮겨 각 편부에 제공하는 역할까지 담당했다. 편수의 모든 과정이 실질적으로 홍희의 손에 달려 있었다 해도 과언이 아니었다.

홍희는 1922년 12월 28일 조선사편찬위원회 위원으로 위촉되었으며, 1925년 6월 25일부터 1935년 1월 6일까지 조선사편수회 수사관을 지냈다. 조선사편수회 수사관 재직 시절 채방부(採訪部, 사료 수집 작업 당시)와 직관

표(職官表, 사료 편찬 작업 당시)를 담당했고 경상북도와 충청남도에서 사료 수집 활동을 했다. 『조선사』 편찬 사업 당시 원고 심의를 담당한 조사부와 심의부 소속으로 활동했고 조선사편수회에서 간행한 『조선사』 제5편을 서술하는 데에도 관여했다. 그가 서술한 『조선사』 제5편은 조선 중기, 즉 광해군부터 정조 시기까지의 내용을 담고 있었으며 총 10권으로 구성되어 있었다. 조선총독부 입장에서는 홍희의 당파 관련 사료 수집과 해독 능력에 절대적으로 의지해 『조선사』 편찬에 큰 도움을 받았다. 그러나 막상 홍희는 『조선사』 편찬에 참여한 이후 주변 선후배들로부터 외면당했고, 동시대 조선인들의 빗발치는 비난을 받았다. 홍희는 1935년 1월 6일 뇌일혈로 사망했는데, 사망 당시 그의 관직은 고등관 4등, 정 6위였다. 이후 1940년 4월 30일, 『조선사』 편찬의 공로를 인정받아 이능화와 함께 일본 천황으로부터 은배 1개를 하사받았다.

1925년 7월 20일에는 편찬위원회 출범 당시 고문으로 임명되었던 중추원 부의장 이완용과 박영효, 권중현이 그대로 편수회 고문으로 임명되었다. 9월 22일에는 구로이타 가쓰미, 교토제국대학 교수 나이토 고난, 후일 경성제국대학 총장으로 부임하게 되는 도쿄제국대학 교수 핫토리 우노키치(服部宇之吉)도 고문에 임명되었다.

구로이타는 『조선사』 편찬 사업을 처음부터 기획하고, 「편찬강령」까지 쓰며, 사업의 진행을 총괄한 실질적 책임자였다. 그런 그가 편찬위원회 단계에서는 없었다. 다만 편수회로 전환되기 직전인 1924년 11월 30일에 촉탁으로 임명되었다. 그런데 편수회가 출범하자 바로 고문이 되었다. 나이토 고난, 핫토리와 함께 제국대학 교수 3명이 고문으로 임명되었는데, 편찬위원회 시기에는 조선인 고문 3명만 있었던 것과 달라진 점이었다.

위원에는 이왕직 차관 시노다 지사쿠와 오다 쇼고, 이마니시 류, 유맹, 어윤적, 이능화, 이병소, 윤영구가 임명되었는데, 이들은 모두 조선사편찬위원회 때부터 위원을 지냈으며 그대로 편수회로 이어졌다. 여기에 경학원 부제학 정만조가 1926년 4월부터 위원으로 추가되었다. 중추원 서기관장 이쿠다 세이자부로(生田清三郎), 중추원 서기관 야마자키 마사오(山崎眞雄), 학무국장 이진호는 당연직 위원으로 임명되었다.

(2) 조선사편수회의 부서 구성 및 의결 체제

조선사편수회는 서기, 간사, 위원, 수사관, 수사관보, 촉탁 등으로 인적 조직이 구성되었으며, 업무상으로는 조사부와 심의부 등으로 분장되어 있었다.

조사부는 수집된 사료, 특히 당론 관련 문헌류를 처리하고 중요한 사건에 대한 특별조사연구를 실행하기 위해 설치된 부서로, 홍희가 주임 수사관이었다. 박용구(朴容九), 조중관(趙重觀), 육종윤(陸種允) 등 조선인 촉탁들이 활동했고, 최남선도 1930년 7월 조사부 소속 촉탁으로 활동했다.

나카무라 히데타카 수사관은 도서 구입을 맡은 도서부와 차입된 사료의 조사 및 복사본 제작을 담당하는 정비부를 담당했는데, 여기에는 조선인 고원(雇員), 전사원(傳寫員), 임시 전사원들이 고용되어 있었다. 전사원은 초서체 문장을 해독해 읽기 쉽게 자료를 옮겨 적어 복사본을 제작하는 작업을 맡았는데, 나카무라는 '고령의 학식 있는' 조선인 전사원들이 밤낮을 가리지 않고, 눈물겹게 노력한 데 대해 '영구히 기억될 만하다'고 회고했다고 한다.

심의부는 『조선사』 편찬에서 각 편별로 편수된 초고를 심의하는 부서였다. 심의부에는 이나바 이와키치, 홍희, 나카무라 히데타카, 그리고 이마니시 류, 뒤에는 다보하시 기요시가 참여했다. 이마니시는 1928년 7월 18일 고문과 위원의 연석 회의에서 2개월에 한 번은 위원회가 개최되어야 편찬 내용을 검토할 수 있고, 위원들이 편수 작업을 책임질 수 있다고 주장했다. 이마니시가 사표까지 제출하면서 불만을 드러내자, 구로이타는 결국 이마니시를 심의부에 포함시켰다. 심의부는 1927년 6월에 내규를 만들어 매월 1회 심의회를 개최하고, 초고를 심의하게 되어 있었다. 각 편의 주임들은 2주일마다 초고를 모아 심의부에 제출하고, 사료 체방 계획도 연초에 심의부에서 심의·결정하게 되어 있었다. 그런데 심의부 규정은 내규 형식으로 되어 있어 이나바 이와키치, 홍희, 나카무라 세 사람에게 맡겨진 상황이었다.

구로이타는 1931년 제5회 편수위원회에서 완성된 원고는 전체 위원회를 거치지 않고, 바로 심의부에서 회장 결재를 받아 인쇄를 결정한다는 의안을 통과시켰다. 이마니시가 심의부에 들어가기는 했지만, 사실상 나머지 편수위원들은 원고도 검토조차 할 수 없게 되었다. 본래 조선사편찬위원회 시기에는 "위원 중 몇 사람을 선정하여 초고를 작성하는 기초(起草)위원으로 하고, 기술된 초고는 따로 심사위원을 두어 기사로서의 적합 여부, 재료의 선택 및 제외, 기술 분량의 많고 적음(繁簡), 전체적 통일 등에 대해 심사하거나 심사위원을 정하지 않고, 기초위원의 협의에 맡기는" 편찬 방식이었다. 그런데 『조선사』 원고의 완성 및 인쇄 단계에서는 몇몇 소수의 주무를 맡은 수사관들의 심의만으로 원고 인쇄가 통과되었다. 이는 조선사편찬위원회 때와 달리 전임 수사관 체제를 택한 조선사편수회에서 가능한 일이었다.

일본인 편수위원들도 심의 권한이 없는 상황에서 조선인 학자들의 입지는 더 말할 것도 없었다. 당초 조선총독부는 『조선사』 편수 사업이 조선과 일본의 공동사업이고, 엄밀한 학술적 견지에서 공평하게 편찬할 것임을 여러 차례 강조했었다. 사이토 총독은 조선사편찬위원회 제1회 회의에 참석해 조선과 일본 학자 양쪽에 의뢰해 학술적으로 공평한 역사 편찬을 도모하겠다는 인사말을 했다. 제2회 회의에서 이나바는 민간사료 수집의 어려움을 토로하며, 이 사업이 성과를 거두려면 양쪽 위원이 서로 오해가 없어야 한다고 강조했다. 그러나 막상 사료 수집을 마치고, 사료를 선별, 편찬, 출간할 때에는 심의부에 참여한 소수의 일본인 수사관들의 결정으로 이루어졌다. 구로이타는 다만 고대사의 권위자였던 이마니시의 권위만 인정했을 뿐, 나머지 부분은 자신이 심어놓은 이나바와 나카무라 등 소수의 수사관들에게만 실권을 주어 『조선사』 편찬을 주도했다.

조선사편수회는 구로이타가 사업을 총지휘하면서 이나바 이와키치를 총괄격으로 내세우고 소수의 수사관들이 실무를 진행하는 방식으로 운영되었다. 따라서 위원이라고 해도 이들 위원들의 역할은 상당히 제한적이었다. 예를 들어 편수회 전체 회의는 위원 간에 안건을 놓고, 협의하는 곳이 아니라, 이나바 간사가 그간 진행된 업무를 보고하면 구로이타가 이를 듣고 사업 진행을 독려하는 식이었다.

『조선사』 편수 사업은 전임관인 수사관, 수사관보가 중심이 된 편수타합회를 통해 진행되었는데, 구로이타가 편수타합회에 참여해 이나바와 편수 강령과 범례를 의논하고, 그 결정 사항을 편수회 전체 회의에서 보고해 추인받았다. 구로이타는 수사관과 수사관보 등 실무진을 선발하는

데도 막강한 영향력을 행사했다. 수사관과 수사관보로 발탁된 새로운 인재 나카무라 히데타카와 스에마쓰 야스카즈 모두 구로이타의 도쿄제국대학 제자들이었다.

조선총독부는 편찬위원회와 편수회의 활동을 적극적으로 지원했다. 편찬위원회 초대 위원장 아리요시 주이치 정무총감은 1923년 1월 8일 열린 제1차 회의에서 "조선 전토의 모든 자료를 집대성"할 것을 지시했다. 조선사 편찬을 위해 지방 관공서와 민간에 산재 된 문서 중에 사료가 될 만한 것을 수집하라고 지시한 것이다. 1923년 6월부터는 각 도장관으로부터 보고를 받았다. 수집 대상은 양안(量案), 호적(戶籍), 제결(題決), 입안(立案), 문기(文記), 징세(徵稅), 등록(謄錄), 읍지(邑誌), 예의(禮儀), 기타 모두 10가지 유형으로 정리되었다. 이를 정리해 1926년에 『고기록문서모집에 관한 건(古記錄文書蒐集ニ關スル件)』을 편찬했다. 이후에도 편수회의 사료 조사는 지방 관청의 적극적인 협조를 받아 진행되었다.

실제로 조선사편찬위원회 시기는 주로 사료 수집 단계였다고 할 수 있고, 1925년 조선사편수회로 전환된 이후, 편수회의 내부 조직 정비와 업무 분담의 틀이 대략 잡힌 1927년 중반부터 본격적인 사료 편찬이 시작되었다.

편수회는 당초 1933년에 편찬 사업을 완료할 계획이었다. 그러나 1938년에 이르러서야 6편 체제의 『조선사』(총 35권)가 편찬되었다. 1926년 6월에 편당 담당자가 결정되었을 때, 1~3편은 이마니시와 이병도, 4편은 나카무라와 쓰루미 다쓰키치(鶴見立吉), 5편은 이나바와 다카하시 다쿠지(高橋琢二), 6편은 세노가 맡기로 되었지만 사업이 장기화되면서 많은 변동이 있었다. 1938년까지 수집된 자료는 도서 4,950책, 사진 4,510권, 문권

(文券)·화상(畫像)·편액(扁額) 등이 453점이었다. 수집된 사료와 고문서를 선별해 『조선사료총간』(20집)과 『조선사료집진(朝鮮史料集眞)』(3권)을 출간했는데, 『조선사료총간』에는 임진왜란 관련 사료가 압도적으로 많은 것이 특징이다.

4

『조선사』는 어떤 사료를 선별하여 누가 어떻게 편찬했을까?

1)『조선사』의 편찬 방식

흔히 『조선사』를 사료집이라고 오해한다. 그러나 엄밀하게 말해 『조선사』는 사료집이 아니다. 『조선사』 제1편과 제2~6편의 편찬 체제가 다르다. 제1편의 1·2·3권에서만 출처로 제시한 사서의 원문을 그대로 기록한 반면, 제2편 이하는 작업의 방대함을 핑계로 원사료를 수록하지 않았다. 사료의 나열이 아니라 다만 연월일의 연대순으로 해당 사건의 '강문' 즉 핵심 줄거리를 간단히 요약하여 서술한 후 이를 뒷받침하는 사서의 목록과 권수를 적어 넣은 것이었다. 실제로 제2~6편의 사료가 너무 방대해 원문 수록은 불가능했던 것이다. 문제는 일본인 편찬자가 의도적으로 취사선택한 사료를 그마저도 그대로 싣지 않고, 이를 일본어로 간략히 요약·정리한 줄거리만 적어 편찬했다는 것이다. 일본인 편찬자의 '의도'

와 '인식'이 반영될 수밖에 없다. 사료 그 자체를 실은 것은 아니었다.

『조선사』는 『대일본사료』나 『대일본유신사료』의 체제처럼 줄거리와 원사료를 기재한 방식으로 편찬하려 했던 것으로 보인다. 하지만 고려, 특히 조선의 경우 원사료를 모두 수록하면 그 분량이 너무 방대해지고, 편찬에도 막대한 시간이 소요되었다. 『조선사』가 식민 통치의 일환으로 정치적 성격을 띠고 있다는 점에서 볼 때, 편수 사업은 가능한 빨리, 원하는 성과를 제출해야 했다.

구로이타는 강문과 함께 사료 원문을 수록한 고본(稿本)은 너무 방대하므로 인쇄하지 않고, 별도로 복본을 대학이나 도서관 등에 보존하고, 일반 배포용에는 본문에 사료의 명칭만을 기재해 출처만 밝히겠다고 변명했다. 그러나 실제로 구로이타 자신이 제1회 조선사편찬위원회에서 「편찬강령」을 설명하면서 '강문이란 편찬자의 의견에 따라 이렇게도 저렇게도 되는 것'이라고 강문의 주관성을 지적했다. 그러면서 강문과 사료를 상호 보완해서 보아야 공평하므로, 고본까지 출판할 것임을 밝혔다. 강문이 결코 객관적일 수 없음을 구로이타 스스로가 인정한 것이다. 그러나 결국 시간에 쫓기고, 막대한 분량과 그에 따른 재정 부담을 피할 수 없어 결국 『고본 조선사』가 아닌 강문 위주의 『조선사』를 출간하게 되었다. 그리고 원사료 중 극히 일부분만 선별해 『조선사료총간』으로 출판했다.

결국 현재 우리가 『조선사』가 신뢰할 수 있는 공평한 역사 편찬 작업이었는가를 판단하려면, 『조선사』와 그 사료 본문이 실려 있는 『고본 조선사』를 일일이 대조해 보아야 알 수 있다. 이 방대한 작업은 긴 시간이 소요되며, 사실상 개인의 연구로는 시도해 보기 힘든 일이다. 현재 국사편찬위원회에 소장되어 있는 『고본 조선사』는 약 2,883책이다. 나카무라

〈그림 21〉(좌) 1929년 가을, 최남선이 함경남도 이원군 만덕산 등성이에서 발견한 신라 진흥왕 순수비. (우) 1929년 12월 1~2일, 조선사편수회 주최로 열린 조선사료전람회. 이순신 자필 『난중일기』 초본 등 45점이 전시되었다.

출처: 『동아일보』, 2021.7.16.

는 고본이 3,538책이라고 했는데, 상당한 차이가 난다. 현재 보관된 것만으로도 『고본 조선사』와 『조선사』를 꼼꼼히 대조·검토하는 것은 학계의 큰 과제라 할 수 있다.

한편 『조선사』 제1편은 신라 통일 이전까지 원사료를 직접 게재해 편찬했는데, 원사료의 양이 적었기 때문에 가능했다. 또한 제1편은 편년체로 정리해 제1권(조선 사료), 제2권(일본 사료), 제3권(중국 사료)으로 나누어 편찬했다. 이렇게 국가별로 따로 나누어 편찬한 이유에 대해 조선사편수회는 상대(上代)로서 연대를 명확하게 알 수 없는 부분이 있고, 한·중·일의 사료의 연도가 일치하지 않아 따로 편찬했다고 밝혔으나, 실제로는 단군 관련 기사를 싣지 않으려는 방편이었다. 구로이타는 단군과 기자는 역사적 실존 인물이 아니라 신화 속 인물로 편년사에 넣을 수 없다는 입장을 고수했다.

이마니시 역시 단군의 역사성을 부정했다. 그는 단군이라는 칭호와 설화가 고려 중기 이후에 만들어진 것이므로 단군 관련 기사를 편년체 『조선사』의 첫 부분에 기재할 수 없다고 주장했다.

1930년 8월 조선사편수회 제4차 위원회에서 최남선의 질문에 답하던 이마니시는 제1편은 영토가 아니라 민족을 중심으로 편찬한다고 이야기하면서 "조선인은 한족(韓族)이 예족(濊族)을 융합하여 부여족 일부와 일본족 및 중국족 일부가 섞여 이루어졌지만, 그 대부분은 한민족의 후예"라고 했다. 즉, 『삼국사기』에 근거해 한국사의 시작을 신라 건국 이후로 잡은 것이다. 실제로 이마니시를 포함한 대부분의 일본인들은 단군신화를 부정하고, '기자조선'과 '위만조선'을 중국인의 국가로 인식했다. 다만 그 영토가 한반도 서북부를 포함했으므로, '조선 반도'의 역사인 '조선사'에 포함된다고 이해했던 것이다.

『조선사』 편찬 당시, 편찬자들이 가장 중점을 둔 부분은 조선시대였다.

> 조선사편수회가 편수하고 있는 조선사가 제1편에서 제6편까지 나뉘어져 있다. … 당국의 당사자도 일반의 세인(世人)도 모두 최대의 기대를 걸고 있는 부분, 또 학술로부터 말해도 이 사업에서 가장 의의가 있다고 할 수 있는 부분은 제4편 이하 제6편에 이르는, 즉 이씨조선시대(李氏朝鮮時代)이지 않을 수 없다.

이는 『조선사』에서 조선시대 시작인 제4편 제1권 발행 당시 『조선사』 제1 · 2편과 5편의 일부를 직접 편찬한 스에마쓰 야스카즈(末松保和)의 발언이다. 실제로 『조선사』 총 6편 35권 중 조선시대가 제4 · 5 · 6편, 24권으로 그 대부분을 차지했다.

조선시대에 많은 분량이 할당된 이유는 무엇보다 『조선왕조실록』, 『비변사등록』, 『승정원일기』 등과 같은 관찬 편년사류를 비롯해 수많은 개인 문집까지 방대한 자료가 남아 있었기 때문이다. 또한 조선시대는 '당파', '정치적 혼란', '외침' 등이 자주 언급되었는데, 조선 망국의 원인을 조선 역사에서 찾으려 했던 통치상의 필요로 인해 사료의 수집, 정리가 절실했던 부분이기도 했다.

그런데 『조선사』는 제1편을 제외하면 사료를 전부 싣는 것이 아니라, '본문(本文)'이라 불리는 강문, 즉 사건에 대한 간략한 요약과 이 사건을 전하는 사료의 출전만 실려 있었으며, 조선시대인 제4·5·6편 역시 이러한 구성이었다. 스에마쓰는 고대사에 해당되는 제1·2편과 조선 중기에 해당되는 제5편의 작업에 관여했는데, 조선시대에 해당하는 제4·5·6편의 경우 강문 작성에 매우 특별히 주의를 기울였다고 한다. 그는 『조선사』 조선시대 부분의 강문이 간단한 것은 조선시대 여러 자료들이 '당쟁'과 관련해 '윤색'이 심하지만, 『조선사』는 '윤색'을 제거하고, 사건만을 전달하는 방식으로 최대한 간략하게 강문을 작성했으며, 편찬에 심혈을 기울였음을 자신했다. 실제로 『조선사』 강문들은 범례와 스에마쓰의 말대로 가치판단을 드러내는 용어나 편찬자의 의견을 드러내지 않고, 간략한 형태로 기술되어 있다. 이런 점에서 현재 우리가 『조선사』의 편찬 의도나 편향성을 단정적으로 평가하기에는 상당한 어려움이 있다. 물론 왜 굳이 이러한 사료를 선택해 강문을 실었는지, 제외된 사료는 어떤 의도로 배제되었는지에 대한 의심과 분석 작업은 반드시 필요한 부분이다.

2) 『조선사』의 사료 선별 및 활용 실태

그렇다면, 사료의 취사선택이 불가피했던 『조선사』에는 어떠한 사건이 선택되었는가?

제1편은 제2편 이하와 달리 원사료를 그대로 기재해 놓아 원사료와의 대조가 가능하다는 것이 특징이다. 또 고려시대나 조선시대에 비해 비교해야 할 원사료가 상대적으로 매우 소략하다. 제1편의 제1권이 『삼국사기』, 『삼국유사』 등의 한국 사료이고, 제2권은 일본 사료, 제3권은 중국 사료이다.

『조선사』 제1편 제1권(조선 사료)은 기원전 57년 신라 혁거세(赫居世) 거서간(居西干) 원년조부터 668년 고구려 멸망까지의 한국 사료를 편년대로 정리해 각 사건의 줄거리를 간단히 적고 원사료를 그대로 기재하여 편찬했다. 『삼국사기』와 『삼국유사』를 가장 많이 인용했으며, '광개토왕비문', '신라문무왕릉비', '창녕신라진흥왕척경비', '마운령 · 황초령 · 북한산 신라진흥왕순수비' 등 금석문과 『해동고승전』, 『대각국사문집』, 『동국이상국전집』, 『고려사』, 『삼국사절요』, 『증보동국여지승람』를 활용했다. 『삼국사기』 본기 기사가 가장 중심이 되었는데, '신라본기', '고구려본기', '백제본기'의 순서로 인용되었다. 그런데 『삼국사기』와 『삼국유사』, 금석문 등을 비교해 보면, 668년 이전 기사 중 상당 부분이 빠져 있다. 『삼국사기』의 「연표」 기록도 배제되었는데, 이는 신라 건국 이전의 역사 기록을 의도적으로 제외하려는 목적에서였다. 편찬자의 단순한 실수라고 보기는 어렵고, 누락의 이유는 알 수 없다. 제1권은 전거 자료가 방대한 것도 아니었고, 더군다나 『삼국사기』와 『삼국유사』의 2권에서 많은 사료가 누락된 것은 편찬자의 의도가 있었음을 충분히 의심해 볼만한 부분이다.

또 "해동(海東)에 나라가 있은 지는 오래되어, 기자(箕子)가 주(周)나라 왕실에서 봉해지고 위만(衛滿)이 한(漢)나라 초기에 왕호를 참람하게 일컬었을 때부터이나, 연대가 아득히 멀고 문헌이 소략하여 실로 자세히 알 수 없다"라고 하여 고조선 출발의 정확한 연대를 알 수 없으나, 기자와 위만을 연결시켜 한국사를 중국사의 부속으로 서술했다.

단군 기록도 빠졌다. 단군 계보를 고구려의 주몽과 연계시킨 『삼국유사』의 기록을 근거로 동명성왕 원년조 뒷부분에 『삼국유사』 「고조선」조 기사를 기재했다. 특히 단군신화를 기록한 중요 사료인 『제왕운기(帝王韻紀)』, 『세종실록지리지(世宗實錄地理志)』, 『응제시주(應製詩註)』 등이 있다는 것은 잘 알려져 있었는데, 이들 기사는 완전히 배제해 버렸다. 또 그 외에도 조선 초기의 여러 문헌에 단군 관련 기사가 많이 나오고 있는데 이 또한 하나도 인용하지 않았다. 편파적이고 의도적인 사료의 선별적 인용이라 할 수 있다.

한편 『조선사』 편찬 당시 가장 역점을 둔 부분은 조선시대였다. 분량면에서도 『조선사』 총 6편 35권 중 조선시대에 해당하는 제4·5·6편이 24권을 차지한다. 이 시기는 『조선왕조실록』, 『비변사등록』, 『승정원일기』 등의 관찬 편년 사료와 수많은 개인 문집에 이르기까지 방대한 사료가 남아 있었다. 특히 이 시기는 '당파', '정치적 혼란', '외침' 등 일본이 조선 망국의 원인과 책임을 조선의 역사에서 찾는 데 적합한 연구를 도출해 내기에 적절한 시기였다. 따라서 편찬자들은 이 시기의 자료를 수집·정리하는 데 어느 때보다도 큰 비중을 두었을 것이다.

제4·5·6편에서 활용된 원사료라고 할 수 있는 전거로는 어떤 것들이 있었는가?

『조선사』 제4편은 조선 전기(태조~선조) 10권, 제5편은 조선 중기(광해군~정조) 10권, 제6편 조선 후기(순조~고종 31년 6월) 4권으로 이루어져 있다. 제4편과 5편, 즉 조선 전기와 중기는 임진왜란을 기점으로 나누었고, 제6편 조선 후기는 순조 때부터 크리스트교 문제가 시끄러워져 이후 점차 서양 제국과의 관계가 일어났으므로, 순조를 기점으로 6편을 시작하자는 구로이타의 의견대로 시기 구분이 반영되었다.

『조선사』 제4편은 태조 원년에서 선조 41년까지 227년간의 내용을 담고 있다. 이 부분에 대해 최근 연구에서는 『조선사』가 조선 최대의 전쟁으로 '외침'인 임진왜란을 구분점으로 설정했으며, 19세기 후반 이래 일본인 학자들이 '반도'라는 지리적 성격과 그로 인한 중국·몽골·만주·일본 등 여러 세력의 '외침'을 강조했다고 분석하고 있다. 그런데 굳이 '외침'을 시기 구분의 기준으로 삼았다고 해서 그것을 식민주의 역사관으로 규정할 수 있는가는 생각해 볼 문제다. 사실 임진왜란을 계기로 조선의 정치·사회·경제·문화 등 모든 방면에서 대변화가 초래된 것은 분명한 역사적 사실이므로, 꼭 '외침'과 '외압'이라는 부정적이고 타율적 잣대를 기준으로 했다고 비판하기에는 다소 무리가 있어 보인다.

제4편에서는 조선 건국 이후 정치·경제·사회·문화 등 거의 모든 방면에서 융성했다고 평가되는 세종대에는 전거로 활용된 자료의 수가 줄어들다가 왕위 계승 분쟁이 극심했던 세조대에 이르러 자료 활용 수가 늘어난다. 또 기묘사화, 삼포왜란 관련 자료의 활용 수도 급격히 증가하고, 동서 붕당, 정여립 모반사건, 기축옥사 등에 이어 임진왜란에 이르러 활용된 사료의 수가 가장 많다. 임진왜란 부분은 제4편의 9권과 10권에

해당하는데, 종가문서(宗家文書)와 같은 대마도 구입 문서 등을 비롯해 상당량의 일본 측 자료가 활용되었으며, 주로 한일관계사에 큰 비중을 두었다. 『조선사』 제4편을 총괄했던 나카무라 히데타카의 학문적 관심사가 '한일관계사'였기 때문이다. 실제 제4편의 자료는 제5·6편에 전거된 자료 수와 비교해도 압도적으로 많다. 『조선사』 전체를 통틀어도 임진왜란에 해당되는 제4편과 제9·10권에 사용된 자료의 양이 가장 많다. 이 시기가 『조선사』 편찬의 핵심이었음을 알 수 있다.

한편 『조선사』 제4·5·6편은 스에마쓰 자신도 이 시기의 사료 종류가 '다방면이고 분량이 다수 다량'이어서 '고려시대 부분에 비할 수 없을 뿐만 아니라', '당시까지 이러한 기록물들을 정리하여 편찬한 것이 거의 없었기 때문에 『조선사』 제4편에 포함한 사항은 실로 사료 전체의 극히 적은 부분에 지나지 않을 것'이라고 언급했을 만큼 엄청나게 방대한 사료가 있었다. 따라서 분명 사료의 취사 선택이 발생할 수밖에 없었다. 더군다나 『조선왕조실록』은 물론이고, 17세기 이래 『비변사등록』, 『승정원일기』, 『일성록』 같은 관찬 편년 자료들만으로도 그 양은 감당하기 힘들었을 것이다. 1923~1937년까지 조선사편수회에서 사료 채방 결과 수집된 자료는 4,950종에 달했다고 한다.

다음으로 조선 중기에 해당하는 『조선사』 제5편은 광해군에서 정조대에 이르는 193년간을 10권으로 나누어 편찬했다. 제5편의 경우 광해군, 인조, 숙종 대에 해당하는 1·3·5권에 많은 자료를 동원했다. 이 시기는 후금의 성장으로 인한 정세의 변동, 인조반정과 전쟁, 또 경신·기사환국 등 격변의 시기로, 특히 병자호란에 해당하는 3권의 경우 다른 부분에서 사용하지 않는 '동화전록(東華全錄)', '만주명신전(滿洲名臣傳)', '몽고유목기(蒙古

游牧記)', '삭방비승(朔方備乘)'과 같은 청대 편찬된 자료를 이용했다. 이는 '만선사' 체계화에 주력했던 이나바 이와키치가 제5편의 총괄 책임자였던 것과 관련 깊다.

이나바는 『조선사』 편찬을 위한 사료 수집 중 태백산사고에 보관되어 있던 『광해군일기중초본(光海君日記中草本)』을 입수했고, 한문 자료의 해독은 조선인 편수관이었던 홍희가 도와주었다. 이나바는 조선사편수회 재직 중 1932년 6월 『광해군 시대의 만선 관계(光海君時代の滿鮮關係)』로 교토제국대학에서 박사학위를 취득하기도 했다. 결국 『조선사』의 사료는 편찬자의 관심사를 반영했다고 할 수 있다. 반면 조선 후기 중흥기로 알려진 영조와 정조대에 해당되는 제8·9·10권에 들어서면 인용 자료의 수가 급감한다. 편찬자의 의도가 다분히 반영되었다고 볼 수 있지 않은가 하는 추측이 가능한 부분이다.

한편 제6편에서는 관찬 사료가 다수 사용되었는데, 제4권은 고종 즉위부터 갑오개혁 이전까지를 다룬 시기로, 개항기를 포함하고 있어 외국 측 자료가 많이 활용되었다. 특히 개항, 임오군란, 갑신정변 등 일본 관련 내용이 많아 일본 측 자료, 특히 외교 관련 자료가 다수 인용되었는데, 『조선사』 전체 35권을 통틀어 임진왜란 시기 다룬 제4편 제9·10권 다음으로 가장 많은 종류의 자료가 활용되었다. 이 제6편의 편찬 담당자는 1926년 경성제국대학 문학부 개설 이래 국사학 제1강좌를 맡았던 다보하시 기요시였다. 그가 1930년에 발표한 『근대일지선관계의 연구(近代日支鮮關係の研究)』의 제목만 보아도 알 수 있듯이, 그의 학문적 관심은 19세기 후반 이래 한·중·일 사이의 외교사였다. 그는 이나바 이와키치와 마찬가지로 편수회 일을 맡아보면서 박사학위 논문인 「근대 일선관계의 연구

(近代日鮮關係の研究)」를 집필했는데 이때 조선사편수회와 『조선사』 편찬을 위해 수집한 자료를 적극적으로 활용했다. 이렇게 제6편 역시 편찬 담당자의 학문적 관심을 상당 부분 반영하며 편찬되었음을 알 수 있다.

당초 제6편 제4권의 하한은 갑오개혁까지로 계획되었으나, 이는 지켜지지 않았다. 『조선사』 제6편 제4권은 군국기무처가 설치되는 시점에서 끝났고, 갑오개혁의 구체적인 내용은 전혀 다루어지지 않았다.

『조선사』 제6편 제4권은 1,103쪽에 이르는 방대한 분량이다. 다가와 고조와 소노다 요지로(園田庸次郎)가 1936년 9월까지 편찬을 마치고, 다보하시가 1937년 3월까지 감수를 마칠 계획이었다고 한다. 다가와와 소노다 모두 경성제국대학 조수(助手) 출신으로 다보하시의 지도를 받으며, 경성제국대학 부속도서관 소장 규장각 자료들을 참고해 초고를 작성했다. 여기에 다보하시가 수집한 각종 구미기록들과 일본 측 외교문서들이 추가로 활용되었다. 『조선사』 총 35권 중 가장 마지막으로 출간된 제6편 제4권은 1938년 3월에 출간되었다. 그리고 내용은 고종 31년(1894) 음력 6월 27일 기사로 끝난다. 『조선사』 제6편 제4권은 다른 편에 비해 시기적 특성도 있지만, 외국 자료들이 많이 활용되었는데, 미국, 영국, 프랑스, 포르투갈 등 구미 자료는 다보하시가 유학 중 수집한 자료들도 포함된 것으로 보인다. 일본 자료로는 개항, 갑신정변, 청일전쟁 관련 개인 저술이 활용되었다. 마지막 권인 제6편 제4권은 각국에서 수집한 다양한 대외관계 자료를 바탕으로 쇠락해 가는 조선의 모습을 구현했다고 할 수 있다.

『조선사』 제6편 제4권에서 활용한 사료는 무엇이 있었는가?

예를 들어 청일전쟁 개전에 해당되는 풍도 해전(豐島海戰)과 성환 전투(成歡戰鬪)를 보면, 제시된 사료는 총 8개로, 조선 · 중국 · 일본의 관찬과 사찬 사료를 두루 활용했고, 지금도 학계에서 이 시기를 연구할 때 활용되는 중요한 사료들이다.

전거로 활용된 조선 측 사료는 총 3개로, 관찬 사료로는 『통리교섭통상사무아문일기』(奎 17836)와 『통연일기(統緣日記)』(奎 17837)를, 사찬 사료로는 유생 임한주(林翰周, 1871~1954)의 『홍양기사(洪陽紀事)』를 제시했다. 중국 측 사료로는 『청광서조중일교섭사료(淸光緒朝中日交涉史料)』만 제시했다. 반면 일본 측 사료는 총 4건이나 차지한다. 일본 육군참모본부가 1904년 공식적으로 발간한 청일전쟁 기록인 『명치 27·8년 일청전사 권 1』과 이토 히로부미 편찬의 『비서유찬 조선교섭자료(秘書類纂朝鮮交涉資料)』, 그리고 갑오개혁 당시 주한일본공사관 서기관이었던 스기무라 후카시(杉村濬, 1848~1906)의 『명치 27·8년 재한고심록(在韓苦心錄)』, 외무대신 무쓰 무네미쓰(陸奧宗光, 1844~1897)의 『건건록(蹇蹇錄)』이 그것이다. 잘 알려져 있듯이 스기무라는 조선에 부임한 1880년 4월부터 조선의 내정에 깊이 관여한 인물로, 1894년 6월 일본군의 불법적 경복궁 점령을 계획한 장본인이었다. 마찬가지로 무쓰나 이토도 당시 대조선정책을 책임지고 있던 일본 고위급 관료였다. 과연 그들의 개인 회고록이나 기록이 사심 없는 객관적 사료라고 평가할 수 있을지는 생각해 볼 문제이다. 기본적으로 개인의 기록물들은 2차 사료로서의 참고 기능 정도로 사용할 수 있을지 몰라도 이를 관찬 편년체 사료집에 주요 전거 사료로 채택한 것은 근대 실증주의 역사학을 표방한 일본 근대 역사학의 입장에서 보더라도 사료 선택의 기본부터가 잘못되었다고 할 수 있다.

3)『조선사』의 시기별 주요 집필자

『조선사』 편찬에 절대적 영향력을 행사하고, 실질적으로 이 사업을 기획하면서 진두지휘한 인물은 구로이타 가쓰미였다. 그리고 구로이타는 이나바를 편찬 주임으로 하여 사업을 총괄 지휘하도록 전면에 내세웠다. 이나바는 무려 16년간 이 사업을 총괄했고, 제3편과 제5편 등을 직접 편찬했다. 또한 이마니시도 비록 구로이타나 그의 뜻을 계승한 이나바와 갈등이 있었지만, 조선사를 전공한 최초의 박사로서, 그리고 단군 수록 문제를 둘러싼 조선인 위원들과의 논쟁을 전면에서 거부한 『조선사』 편찬의 또 다른 주축이었다. 이처럼 구로이타, 이나바, 이마니시가 『조선사』 편찬의 주역 3인방이었으며 스에마쓰는 이 세 사람을 『조선사』 편찬의 '상층부'라고 일컬었다.

구로이타의 경우는 앞에서 상세히 살펴본 바와 같고, 고대사에 해당하는 제1·2편의 편찬 주임이자 구로이타가 견제하려 애썼던 조선사 학계의 최고 권위자 이마니시를 살펴보자.

이마니시는 1875년 일본 기후현(崎阜縣) 출신으로 1899년 도쿄제국대학에 입학해 사학과를 선택했다. 고고학에 관심이 컸던 그는 이미 학부 시절부터 조선사에 대한 논문을 집필했다고 하며, 본격적인 조선사 연구는 1903년 대학원에 진학 후 시작되었다. 그는 1906년 스승 쓰보이 구메죠(坪井九馬三)의 지시에 따라 경주까지 답사하게 된다. 이마니시는 구로이타와 함께 조선 최초의 패총을 발굴하기도 했는데, 이후 발굴 조사보다는 문헌 사료 비판 연구에 보다 중점을 두게 된다. 그는 1910년 조선 병합을 주제로 기획된 『역사지리』 임시증간호에 「단군의 전설에 대하여(檀君の傳說

に就て)」라는 글을 썼는데, 이는 이마니시가 쓴 최초의 문헌 논문이었다. 그리고 이후 이 '단군' 주제는 이마니시 평생의 연구 주제가 되었다. 이 논문을 바탕으로 쓴 「단군전설고(檀君傳說考)」는 박사학위 논문의 중심 논제였고, 1929년에는 『단군고(檀君考)』라는 단행본까지 출판했다. 이러한 까닭에 최남선 등과의 단군 논쟁에서 이마니시는 근대 학문의 권위로 『조선사』에 단군 관련 사료가 실리는 것을 막았던 것이다.

한편 이마니시는 1913년에 교토제국대학 강사가 되었고, 1916년에는 조교수로 승진했다. 그는 같은 해 조선총독부가 기획하던 『조선반도사』 편찬 사업의 촉탁으로 임명된 후 본격적으로 식민지 역사 편찬 작업에 관여하게 되었다. 이후 1922년 조선사편찬위원회와 1925년 조선사편수회의 『조선사』 편찬에서 고대사 부분 주임을 맡게 되었다. 그는 그 사이 1922년부터 2년간 중국, 영국, 프랑스로 유학을 다녀왔고, 1926년 경성제국대학에 학부가 개설되자 법문학부 조선사 제1강좌 교수가 되었다. 교토제국대학 교수와 경성제국대학 교수의 겸임은 아무래도 상당한 무리였던 것 같다. 조선과 일본을 왕래하며 강의를 하고, 여기에 본인의 연구와 조선사편수회 일까지 겸한다는 것은 지금처럼 반나절이면 한국과 일본을 왕래하는 21세기에도 버거운 일이다. 결국 강의를 위해 교토에 머물던 그는 뇌출혈로 쓰러져 1932년 57세의 나이로 생을 마감했다.

그의 조선 고대사 연구 성과를 현재의 한국 사학계에서도 부정하지는 않는다. 『삼국유사』, 『삼국사기』, 『동국여지승람』, 『고려도경』 등의 영인본을 출간했고, 유물과 유적 발굴에도 상당한 족적을 남겼다. 그에 대한 평가는 '한국 고대사 말살과 왜곡의 기초를 다진 자'라는 평가와 '수많은 일본인 학자가 허물 투성이었던 데 비해 상당한 공도 이야기될 수 있는

드문 학자 중 한 사람'으로 평가되기도 하는 등 상반된 견해가 공존한다. 그는 학문의 대상이었던 조선의 역사에 대해 합리적이고 객관적인 실증 작업을 통해 충실한 연구를 하는 역사학자로서의 자세도 있었고, 동시에 식민지 지배에 공헌한 제국대학 교수이자 국책사업의 중요한 부분을 담당했던 일본인 학자로서의 입장도 분명히 있었다는 것이다. 즉, 식민주의 역사학자이면서 근대 역사학자였다는 모순을 동시에 갖고 있었다고 할 것이다.

다음은 『조선사』 편수 사업 각 시기별 편찬 담당자이다.

〈표 5〉 1938년 기준 『조선사』의 각 편별 담당자

	시기	편별 담당자
제1편	신라통일 이전	이마니시 류(今西龍) 스에마쓰 야스카즈(末松保和)
제2편	신라통일시대	
제3편	고려시대	이마니시 류(今西龍), 이나바 이와키치(稲葉岩吉), 스에마쓰 야스카즈(末松保和), 아키우라 히데오(秋浦秀雄), 시부에 게이조(澁江桂藏), 윤용균(尹瑢均)
제4편	조선 전기(태조~선조)	나카무라 히데타카(中村榮孝), 신석호(申奭鎬), 우시오다 후키조(潮田富貴藏) 외
제5편	조선 중기(광해군~정조)	이나바 이와키치(稲葉岩吉), 홍희(洪憙), 스에마쓰 야스카즈(末松 保和), 세노 우마쿠마(瀨野馬熊), 타카하시 타쿠치(高橋琢二) 외
제6편	조선 후기(순조~갑오개혁)	다보하시 기요시(田保橋潔), 다가와 고조(田川孝三), 타카하시 타쿠치(高橋琢二), 세노 우마쿠마(瀨野馬熊), 이능화(李能和) 외

출처: 정상우, 『조선총독부의 역사 편찬사업과 조선사편수회』, 아연출판부, 2018, 209~210쪽. 〈표 7〉 참조. 편별 담당자는 1938년 기준.

편수계 전체 간사는 이나바 이와키치였다. 편수회 출범 초기 제1·2편

의 주임은 이마니시 류였고, 스에마쓰 야스카즈가 처음에는 수사관보로, 후반부에 수사관으로서 이마니시를 보좌하면서 거의 실질적인 고대사 부분의 편찬을 주도했다. 제3~6편의 주임 수사관은 이나바 이와키치였다. 『조선사』는 고대사 부분은 이마니시가, 그리고 가장 분량이 많았던 고려와 조선시대 부분은 구로이타의 지휘를 받는 이나바가 실질적으로 주도했다. 제4편의 경우 나카무라 히데타카가 수사관, 신석호가 수사관보로 참여했고, 제5편에 홍희, 세노, 스에마쓰가 참여했다. 특히 제5편에는 이능화, 구찬서(具瓚書), 조한직(趙漢稷) 등이 촉탁으로 참여하는 등 제4편과 함께 조선인 학자들의 참여가 가장 많았다. 세노는 제6편을 담당하다가, 제5편으로 이동했고, 제6편에는 다보하시 기요시가 촉탁으로, 다가와 고조가 수사관보로, 이능화, 조한직 등이 촉탁으로 참여했다.

또한 〈표 5〉에서 보듯이 경성제국대학 사학과 교수들 대부분이 당시 조선총독부의 최대 편수 사업이었던 『조선사』의 출판에 관여했다. 『조선사』 제4편의 편찬 주임인 나카무라 히데타카는 1933년 3월부터 1935년 3월까지 2년 동안 사학과 강사로 출강한 조선총독부의 교육 관료였고, 수사관보였던 신석호는 사학과 제1회 졸업생이었다. 제6편의 편찬을 담당한 다보하시 기요시는 1944년 당시까지 조선사편수회의 3인 간사 가운데 한 사람으로 활동하면서 조선사편수회가 시리즈로 기획한 '조선사편수회 연구 휘찬'의 제1집 『근대조선사연구』(1944)에 「근대조선의 정치적 개혁(近代朝鮮の政治的改革)」(제1회)이라는 논문을 발표하기도 했다.

『조선사』 편찬은 당초 1922년에 시작된 10개년 예정 사업이었으나, 사료가 너무 방대해 1933년 완성을 목표로 했던 사업은 1년 연장되었음에도 기한을 지키지 못했다. 1935년 9월 30일 개최된 편수회의에서 그때까지 미완성 부분의 편찬을 위한 새로운 계획이 수립되었는데, 이는 모두 『조선사』 제4·5·6편에 해당되었다. 결국 미완성 부분에 새로운 학자를 충원했는데, 기존의 이나바 이와키치, 나카무라 히데타카, 스에마쓰 야스카즈, 신석호 외에 추가로 투입된 학자는 〈표 6〉과 같다.

그런데 새로운 인물들의 면모를 보면, 다가와 고조처럼 이제 막 대학을 졸업했거나, 중국 송대사 전공으로 '조선사' 편수에는 학문적 역량이 충분하지 못했다. 게다가 이들의 한문 해독 능력이 큰 문제였다. 제4편 책임자였던 나카무라 히데타카도 자신이 본격적으로 조선 역사 공부를 시작한 1924년 당시 『조선왕조실록』 해독의 어려움을 이야기했다고 한다. 더군다나 조선의 사료 가운데 많은 부분은 해서(楷書)가 아닌 행서(行書) 혹은 초서(草書)로 쓰여 있어 해독은 더욱 어려웠다. 그렇기 때문에 사료를 정서하여 부본(副本)을 작성했는데, 그 작업이 매우 더디고 부담스럽다는 것이 『조선사』 편찬 초기부터 큰 문제였다.

해서란 정서(正書), 진서(眞書)라고도 하며, 현재 일반적으로 쓰이고 활자체에도 활용되고 있다. 가타가나는 바로 이 해서에서 만들어졌다. 한글의 고딕체처럼 글자 모양을 정석 그대로 표기한 서체로 가장 표준적이고 정석적인 서체라고 할 수 있다. 행서는 해서와 초서의 중간 서체로, 빨리 쓸 수 있고, 읽기도 비교적 쉽다는 장점이 있다. 초서는 문자를 흘려 쓴 서체로 가장 읽기 힘들고, 작성도 어느 정도 경지에 올라야 가능하기 때문에 일반화되지 않은 서체이다. 그러나 이 초서체는 변화가 풍부해 예술 작품 등에 많이 쓰이고, 히라가나는 초서에서 만들어졌다. 그런데 실록이 초서나 행서로 작성되어 있어, 안 그래도 일본인 연구자들의 조선사에 대한 전문성이 떨어지는 상황에서 결국 해독 자체도 홍희와 같은 조선인 학자

〈표 6〉『조선사』 편찬 계획 연장 후 참여한 편찬자들

성명	출생	출신 학부	주요 이력	재직 시기	비고
다보하시 기요시 (田保橋潔)	1897	도쿄제대	국사학 전공. 경성제대 교수로 '국사학제1강좌' 담당.	1933~1945	6편
스도 요시유키 (周藤吉之)	1910	도쿄제대	동양사학 전공. 학부 졸업 후 곧바로 편수회 취직. (학부 졸업. 논문은 중국 송대)	1933~1936	4편
마루가메 킨사쿠 (丸龜金作)	1905	도쿄제대	동양사학 전공. 학부 졸업 후 곧바로 편수회 취직. (학부 졸업. 논문은 중국 송대)	1933~1936	4편
구로다 쇼조 (黒田省三)	1908	도쿄제대	동양사학 전공. 학부 졸업 후 곧바로 편수회 취직.	1934~1945	4편
다가와 고조 (田川孝三)	1909	경성제대	조선사학 전공. 학부 졸업 후 경성제대 조수→편수회 취직. (학부 졸업. 논문은 17세기 조선과 대륙 관계)	1933~1945	6편
소노다 요지로 (園田庸次郎)	1900년대	-	1927~1930년 경성제대법문학부 조수, 경성제대 관계자들을 중심으로 경성에 있던 일본학자들의 회합인 경성독사회(京城讀史會) 상임간사	1932~1938	6편

※『朝鮮總督府職員錄』, 「座談會先學を語る– 田保橋潔先生」(田川孝三ほか, 『東方學』 65, 1983), 『座談會先學を語る– 周藤吉之博士』(中嶋敏ほか, 『東方學』 88, 1994), (『朝鮮史編修會委員會議事錄, 『昭和九年庶務綴』 (朝鮮史編修會編), 『朝鮮史編修會事業概要』 (朝鮮史編修會編), 『朝鮮史編修會退職者履歷書綴』 등을 근거로 작성했다(305쪽). 단, 소노다의 경우 출생 연도나 출신 학부를 알려주는 자료는 없지만 경성제대 조수로 있다가 편수회로 오는 경로가 다가와 고조와 거의 비슷하다. 또한 다가와 고조가 학부생 당시 경성제대 일람에도 조수로 나오는 것으로 보아 다가와 고조보다는 나이가 많지만 1900년대에 출생했을 것으로 추정된다.

출처: 정상우, 「『朝鮮史』(朝鮮史編修會 간행)의 편찬과 사건 선별 기준에 대하여」, 『사학연구』 107, 한국사학회, 2012, 303쪽, 〈표 3〉.

들의 도움을 받을 수밖에 없었던 것이다.

이러한 이유로 편수회가 조직되었을 때부터 유일한 조선인 수사관 홍희는 『비변사등록』을 비롯한 주요 자료를 알아볼 수 있게 반듯한 정자로 옮겨쓰는 작업, 즉 정서(淨書)를 맡고 있었다. 편수회 고문 구로이타는 일

본인 수사관이나 각 편의 책임자들은 “조선의 기록, 특별한 한문, 이조시대 비변사등록, 승정원일기, 기타 종종 특별문서 등은 그 내용을 알 수 없기 때문에” 이러한 것을 “조사하여 사료로 채용할 수 있는가 없는가를 확인하고, 시대에 맞게 각 편부(編部)에게 배부”할 것을 홍희에게 명하고, 홍희를 주임으로 하여 ‘조사부(調査部)’를 구성했다. 조사부의 업무는 일본인들이 읽을 수 없었던 사료를 정리·배부하는 것이었으며, 홍희를 필두로 한 그 구성원은 모두 조선인이었다. 결국 편찬을 맡은 이들이 편찬을 위해 직접 원사료를 모두 보기는 어려웠던 것이다. 그럼에도 불구하고, 『조선사』 미완성분에 대한 새로운 편찬 계획을 세운 지 불과 2년 6개월 만인 1938년 3월에 『조선사』 출간이 완료되었다. 그것은 이전 조선총독부의 사료 정리와 ‘반도사 편찬’이 전제되었기에 가능했음을 알 수 있다.

한편 『조선사』의 주요 집필진을 보면 제국대학 출신이 절대다수다. 나카무라와 스에마쓰를 비롯해 다보하시 기요시, 스도, 마루가메, 구로다는 모두 도쿄제국대학 동양사학과와 국사학과 출신이었다. 이들은 1933년경 대학을 졸업한 후 조선사편수회에 합류했다. 또 다른 계열은 경성제국대학 출신들이다. 신석호(申奭鎬, 1929년 졸업)와 다가와 고조(1931년 졸업)가 있다. 경성제국대학에서는 1929년부터 조선사를 전공한 졸업생이 꾸준히 배출되었고, 신석호와 윤용균(尹瑢均, 1930년 졸업)이 1930년에, 다가와가 1933년에 편수회에 새롭게 들어왔다. 그러나 윤용균은 얼마 안가 1931년 9월 사망했고, 신석호와 다가와는 수사관보로서 각각 조선시대에 해당하는 『조선사』 제4편과 제6편의 편찬에 참여했을 뿐만 아니라 『조선사』 편찬 이후에는 수사관으로서 편수회 업무를 계속했다. 이들은 조선사를 전공하기도 했지만, 무엇보다 취직난이 조선사편수회에서 근무하게 된 가장 큰 원인이었다. 신석호는 수사관보(1930~1937)와 수사관(1938~1940)을 지냈다.

그나마 스도나 마루가메처럼 조선사 자체에 전혀 관심이 없었던 경우에 비하면, 신석호나 다가와는 경성제국대학에서 조선사를 전공한 상황이었다. 조선사에 대한 관심을 갖고 연구와 편수회 업무를 결합시켜 자신의 학문적 성과를 키워낸 경우는 다보하시 기요시와 나카무라의 사례가 있고, 스에마쓰도 나카무라와 함께 조선사편수회의 실질적 총무 역할을 하면서 점차 사료의 수집과 정리를 통해 개인적으로 학문적 역량을 키울 수 있었다.

한편 조선사편수회는 『조선사』 외에 『조선사』 총목록 1권과 수집된 자료를 선별해 1944년까지 21종 22권 108책의 『조선사료총간(朝鮮史料叢刊)』, 1937년까지 『조선사료집진(朝鮮史料集眞)』 3권을 출판했고, 1944년에는 『조선근대사연구』와 『조선통치사논고(秘)』라는 연구서를 '조선사편수회 연구휘찬' 시리즈로 간행했다.

조선사편찬위원회와 조선사학회의 관계처럼 조선사편수회도 활동을 시작한 이듬해인 1926년 1월 조선사편수회의 직원들을 중심으로 '조선사학동고회(朝鮮史學同攷會)'를 조직했다. 조선사학동고회는 기관지 『조선사학』을 창간하여 7호까지 발행했다. 또한 조선사학동고회는 조선사편찬위원회보다 폭넓은 층을 확보하고자 지방 역사 교사를 비롯해 일반인도 회원으로 받아들였다. 그러나 조선사학동고회의 핵심 직책인 평의원, 편찬원, 서기는 모두 조선사편수회에 소속된 사람들이었다.

조선사학동고회는 1926년 7월 제1회 대회를 개최했는데, 이들은 조선사 연구가 "첫째는 국사를 위함이고, 이미 국사의 일부가 된 조선사를 위함이다. 장차 또한 동양사 연구의 위에서 보니 가장 필요함을 느낀다"라고 밝혔다.

5

『조선사』 편찬 집필진들의 조선사 인식과 한일 학자들 간의 갈등은?

1) 구로이타의 복심(腹心), 이나바 이와키치가 총괄한 『조선사』

한편 구로이타는 나이토 고난으로부터 추천받은 이나바 이와키치에게 『조선사』 편수의 핵심 역할을 맡겼다. 구로이타는 1874년생, 나이토는 1866년생, 이나바는 1876년생으로, 이나바는 구로이타와 비슷한 연배였다. 그러나 그는 도쿄제국대학이라는 최상위 아카데미즘을 수학하지도 않았다. 그리고 1900년대 초, 중국이 의화단의 난을 겪고 있을 당시 종군했고, 러일전쟁 시기에는 다니고 있던 오사카상선회사(大阪商船會社) 한커우(漢口) 지점을 그만두고, 귀국한 후 자원해서 1904년 10월 육군 통역으로 근무한 특이한 경력을 갖고 있었다. 일본 제국주의의 침략 전쟁 최전선에 자원해 나섰다는 점에서 그의 국가관이나 식민지에 대한 가치관을 짐작할 수 있다.

도쿄외국어학교를 졸업한 이나바는 나이토 고난이 외무성 촉탁으로 간도문제를 조사할 때 동행한 인연으로 나이토의 추천을 받아 1908년 남만주철도주식회사 산하의 '만선역사지리조사부'에 들어가게 되었다. 그는 여기서 한(漢), 명(明), 청(淸) 초기 만주의 역사지리를 담당했고, 그 성과로 1915년에 『만주발달사』를 출간했다. 이때부터 이나바는 학자로서의 길을 걷게 되었고, 참모본부 촉탁, 야마구치고등상업학교(山口高等商業學校) 강사, 육군대학 동양사 강사 등을 거쳤다. 1914년 만선역사지리조사부가 도쿄제국대학으로 이관되자 이나바는 조사부를 퇴사하게 되었다. 마침 구로이타는 편찬위원회 구성 당시 기존 조선 관련 연구와 관련이 없으면서도, 만선역사지리조사부나 도쿄제국대학 사료편찬괘에 있었던 인물들을 염두에 두고 있었다. 이러한 상황이 맞물려 이나바는 나이토의 추천으로 1922년 조선사편찬위원회에 부임하게 되었고, 본격적으로 조선사 연구를 시작하게 된 것이다. 이나바는 '반도 생활은 경험이 없었지만, 수사(修史)에는 다소 자신이 있어' 이 일을 수락했다고 밝혔다.

이나바는 대학 사학과에서 제대로 전공 과정을 마친 학자가 아니었다. 그 스스로도 자신의 연구에 대해 '나는 다른 동료들과는 출신이 달라 학문을 위한 학문을 하는 것이 아니라 당시 지나(중국) 문제에 자극을 받아 청조사(淸朝史)를 연찬(硏鑽)했다. 만철조사부 시대 내가 발표한 문자와 행동이 이를 설명한다'고 한 것처럼 그는 조선사와는 전혀 인연이 없었고, 시대 상황과 자신이 처했던 상황에 맞춰 필요에 의해 연구를 진행했던 인물이다. 사실 군인은 상부의 명령과 국가에 대한 절대 복종이 기본 아닌가. 이나바는 군인의 길을 걸어왔고, 그에 걸맞은 연구를 해 왔다. 이나바가 학문을 위한 학문이 아니라, 목적이 있는 연구를 했다는 점은 식민지 당국이 입맛에 맞는 식민지 역사를 편찬할 때 가장 적합한 인물이었음을 보여준다. 이것이 이마니시처럼 학문을 위한 학문을 하는 전공 학자와 다른 점이었고, 구로이타가 이나바를 발탁한 가장 중요한 요인이었을 것이다. 게다가 오다와 이마니시는 이미 조선사편찬위원회 이전부터 식민지 역사 및 사료, 고적조사사업을 주도해 왔고, 조선총독부와 긴밀한 관계 속에서 조선 사학의 거두가 되어 있었다. 또한 오다와 이마니시 모두 경성제국대학의 조선 사학 2개 강좌의 담당 교수였다. 식민지 역사학계의 거물이었던 셈이다. 따라서 구로이타로서는 『조선사』 편수 사업의 주도권을 자신이 쥐기 위해서는 이나바와 같이 조선과는 큰 관련이 없으면서도 학자로서의 학문적 신념에 크게 구애되지 않은, 이를테면 실용적이고 직업적인 태도로 역사학에 접근했던 이나바 같은 새로운 인물이 필요했던 것이다.

이나바는 구로이타의 지휘 아래 1922년부터 1938년까지 『조선사』 편찬 사업을 총괄했다. 그는 편찬위원회 단계에서 사료 수집을 담당했으며, 각 편별 편찬자들이 자주 바뀌는 와중에도 줄곧 편찬 주임으로 이 사업을 주도했다. 제3편의 편찬자가 마땅치 않자, 스스로 이를 담당했고, 제5편의 상당 부분도 편찬했다. 그는 편수회 내부에서 구로이타와 다른 위원들, 편찬자들을 잇는 가교 역할을 하면서 사업 진행의 세부적인 것까지 관여했다. 예를 들어 편찬 사업을 위한 업무 분담과 담당자 선정도 구로이타와 이나바의 논의를 거쳐 결정이 이루어졌다. 그리고 이 결정은 편수회에 상근하던 제4·5·6편 주임들과 보조들이 참여하는 편수타합회에 전달되어 거의 그대로 최종 확정되었다. 결국 편수회의 의사결정에서 구로이타와 이나바의 영향력이 절대적이었다.

〈그림 22〉 만주건국대학

출처: 위키백과

또 이나바는 『조선사』 편찬 주임으로 총 16년이나 조선에 체류하는 동안 조선 역사에 대한 연구를 진행했고, 1930년대에 들어서는 만선사의 체계화를 시도했다. 그것이 가능했던 것은 『조선사』 사업에서 얻은 자료 덕분이었다. 『조선사』 제3편(고려사 전7권), 제5편(조선시대 중기 전10권)을 담당했는데 이나바가 「조선의 문화 문제」와 「만선불가분의 사적 고찰」과 같은 조선 관련 글을 쓰게 된 이유가 바로 조선사편찬사업 참여 때문이었다. 또한 그는 1932년 교토제국대학 사학과에서 「광해군 시대의 만선관계」로 박사학위를 받았다. 『조선사』 제5편에서 특히 광해군 대와 병자호란을 다룬 제1권과 제3권이 다른 권에 비해 활용 사료의 수가 많은 것은 제5편을 편찬할 때 이나바의 학문적 관심을 반영한 것으로 보인다. 『조선사』 사업이 종료된 이후, 그는 1938년에는 만주건국대학 교수로 부임하여 만주사 강의를 담당하다가 생을 마감했다.

이렇게 만선역사지리조사부에서 조선사편수회로, 다시 만주건국대학으로 이어지는 그의 이력은 일본의 제국주의 침략 과정에 적극 조응한 대표적인 식민주의 역사학자로 규정하기에 부족함이 없다. 하타다는 이나바의 만선사 연구를 두고, 이나바가 한국사를 대륙 세력의 파동의 역사로 간주한 타율성 사관이었다고 파악했고, 이러한 이해는 김용섭, 이만열 등으로 이어지며 일반화되었다. 그러나 다키자와 노리오키(瀧澤規起)나 사쿠라자와 아이(櫻澤亞伊)등 최근 연구에서는 이나바의 만선사 연구 기저에 조선 사회가 정체되었다는 인식이 있었음을 밝혔다.

이나바가 조선사편찬위원회에 부임한 후 저술한 『조선문화사연구』(1925) 「조선사회사의 일단면」의 내용을 보면 조선을 두고 "일본에 비해 500~600년 뒤떨어진 사회로 조선 사회의 기본적 속성은 한마디로 말해 정체라고 밖에 말할 수 없는" 사회라고 단정했다. 또 "대륙으로부터의 패찬자(敗竄者, 패하고 숨은 자)의 안식지로서 지극히 적당"하며 만몽 지방에 발생한 세력의 직접적 대상이 되지 않는 조선 반도의 "무풍지대에 위치하여 많은 저기압을 피할 수 있었던" 지리적 사정이 조선 민족을 안일하게 하고, 사회상의 각 방면에 악영향을 미쳤다고 했다. 또 그는 고구려, 백제, 신라에 나타난 중국 문화의 영향을 논하면서 자발적 문화를 소유하지 못했기 때문에 문화의 수혈을 받아야 했고, 한반도로 흘러 들어간 민족은 만몽의 영향이 적은 반면 지나 민족의 문화적 정복이라고 할 만큼 한민족의 영향을 크게 받았다고 하면서 조선 민족의 수동성과 정체성을 논증하고, 조선과 만주, 조선과 중국의 관계와 교통, 낙랑군의 문화 등에 대해 논했다.

그리고 경제 면에서는 화폐와 상설 점포의 미보급, 계급제도에서는 가족주의와 노비 존재, 적서 구별, 백의 착용 관습까지도 제시해 조선 사회의 정체성을 강조하고, 그것을 "하나의 기적이라고 말하지 않으면 안 된다"고까지 평가했다.

이나바는 조선의 영토와 민족 구성에 대해 다음과 같이 논했다.

> 삼국 즉, 고구려, 신라, 백제의 삼국 역사를 반복해서 보면 신라를 제외한 다른 나라는 모두 만주에서 온 것이다. 즉, 백제의 선조, 고구려의 선조는 말씀드릴 것까지도 없이 남만주의 최북단인 장춘(長春) 평야에서 남하하여 이 반도 내에 민족 집단을 만들어 냈다. 그러한 것이 되어 있다. 장춘 평야에 있었던 민족은 부여(夫餘)라고 한다. 부여 민족이 하나는 압록강 곡지(穀地)에 들어와 고구려를 이루고, 또 하나는 조선 남부로 진출하여 백제라고 하는 나라를 만들었다. … 어쨌든 삼국시대의 3분의 2는 만주 민족이 이 영토에 이주하여 당시의 문화를 이식하고 있었다는 것은 말할 필요도 없다. 그것을 경주 신라가 통일하여 국가를 이룬 것이기 때문에 오늘날의 조선 민족 속에는 다수의 만주 민족이 포함되어 있다는 것을 인정해야 한다. 이것은 역사상 말할 필요도 없는 사실이다.

이나바는 고구려와 백제를 부여계 만주 민족으로 보았다. 따라서 오늘날 조선 민족은 만주 민족이 포함된 다민족 국가이므로 '만선불가분'이 성립된다는 것이다. 그러면서 이나바는 조선인들이 '조선 민족은 곧 신라 민족이고 한족(韓族)'이라는 전통적 인식을 갖고 있는데, 이는 편협한 '협의의 조선사'라고 비판했다. 이마니시가 조선사를 일본사와의 교류사 입장에서 인식한 반면, 이나바는 조선사를 만선사적 관점에서 본 것이다. 그런데 단군 신앙 문제에 있어서는 이나바 또한 이마니시와 동일하게 고려 말 몽골의 침략으로 형성되기 시작한 것으로 파악했다.

2) 새 인물의 수혈을 통한 내부 갈등 봉합

(1) 근대 일본 외교사 전공자 다보하시의 활약

『조선사』의 마지막인 제6편 편찬은 구로이타가 추천한 경성제국대학 교수이자 대외관계사 전공자인 다보하시 기요시가 담당하게 되었다. 이 부분은 본래 세노 우마쿠마가 편찬을 담당했으나, 그는 거의 작업을 하지 않은 상황에서 1933년 신장병이 발병해 1935년에 사망했다. 따라서 다보하시가 1933년 3월에 『조선사』 제6편(순종, 헌종, 철종, 고종의 사료)의 편수 주임으로 촉탁되었고, 1938년 3월에 제6편 전4권의 간행을 완료했다.

다보하시는 1921년 도쿄제국대학 문학부 국사학과의 졸업 논문으로 「주로 일미관계에서 본 일본의 개국에 관하여(主として日米關係より觀たる日本の開國に就いて)」를 써서 이후 24년간의 연구를 줄곧 대외관계사에 주력한 외교사의 대가였다. 그는 1922년 도쿄제국대학의 사료편찬관보로서 '대일본사료 제12편부'에 소속된 경력이 있어, 구로이타가 주도하는 『조선사』 편수에 최적격자이기도 했다. 또한 1924년 경성제국대학 법문학부 강사로 촉탁되었고, 1927년 국사학(일본사)과 제1강좌 교수로 임명되어 강좌를 맡게 된 것도 도쿄제국대학 은사였던 구로이타 가쓰미와 쓰지 젠노스케(辻善之助)의 추천 덕이었다. 즉, 다보하시는 구로이타 입장에서 볼 때 본인이 의도했던 사료집으로서의 『조선사』 편찬에 가장 적임자였다고 할 수 있다.

다보하시는 1940년에 『근대 일선관계의 연구 상·하』(朝鮮總督府中樞院)를 출간했다. 이 책은 1938년 11월 당시 총독부 내무국장 오다케 주로(大竹十郎)가 다보하시의 연구가 조선통치상 참고자료로 중요하다고 판단해 국비를 지원하고, 인쇄까지 약속해 나온 성과물이었다. 따라서 『근대일선관계의 연구』는 분명 일본의 조선통치상의 참고자료로 간행된 것으로 기본적으로 중일전쟁을 일으키고 본격적인 대륙침략이라는 군국주의의 길로 들어선 일본의 침략주의를 논리적으로 뒷받침하기 위해 후원받은 관찬 저술이었다. 본래 이 책은 집무에만 참고할 뿐 일반에 공개하지 않는다는 전제로 출간되었다. 이에 대해 다보하시의 학문적 위상과 업적 평가는 그가 엄밀한 실증주의에 입각해 역사가의 가치 판단을 최소화한 채 오로지 조선·일본·청의 문서기록에만 의거해 근대 동아시아 외교사를 객관적으로 서술했다는 점에서 이루어지기도 했다. 책이 출간된 1940년 당시에는 일본이 태평양 전쟁을 목전에 두고 극도로 우경화한 상황에서 실증에 충실한 것조차도 불온시하던 분위기였다는 것이다.

그가 객관적이고 실증에 충실한 양심적 학자였다고 평가되는 대표적인 사례가 다보하시의 박사학위논문 심사 탈락 사건이다. 다보하시는 『근대일선관계의 연구』를 도쿄제국대학 박사학위논문으로 제출했는데, 그 내용 중 청일전쟁 관련 부분에서 '일본 해군의 도발에 의한 전쟁 발발'이라는 서술 때문에 심사위원 중 황국사관의 대표 학자인 일본 중세사 전공자 히라이즈미 기요시(平泉澄) 등의 반대로 학위를 받지 못했다고 한다. 당시 히라이즈미는 "이 글은 본래 경성제국대학의 법문학부연구조사책자(法文學部硏究調査册子)로 기요(紀要) 같은 것이고 발매 금지되어 있는 것"인데 이를 학위논문으로 청구하는 것은 적절하지 못하며, 또 "이 글을 정부가 발매 금지한다면 결국 도쿄제국대학에서 그 부담을 져야 한다"고 하여 그의 학위 수여를 거부했다. 심사위원 중 와다 세이(和田淸)는 이에 대해 '그런 것은 정치적인 문제이고, 중요한 것은 학위 자격이 있느냐 없느냐이다'고 하면서 학위 수여를 반대했다. 결국 심사위원들의 투표 결과

2:1로 학위는 거부되었다.[1] 그런데 이 에피소드에 따르면 히라이즈미가 다보하시의 연구를 학위 심사에서 탈락시킨 이유는 그 내용이 청일전쟁의 원인을 일본의 선제공격으로 돌린 양심적이고 객관적인 연구였기 때문이 아니라 이미 경성제국대학에서 조선총독부 중추원 이름으로 발간된 책을 그대로 학위논문으로 청구했기 때문이었다. 즉, 비공개를 원칙으로 한 관찬 자료적 성격의 자료를 학위논문으로 제출한다는 것은 부적절하다고 판단한 것이다. 또 와다의 발언을 보면 내용상으로도 학위 수여 자격을 문제 삼은 것으로 보인다. 그렇다면 양심적이고 실증적 연구라서 제국주의 일본의 우익 학자들이 다보하시에게 학위 수여를 하지 않았다고 하는 일본인 후학들의 해석은 다보하시를 미화하기 위한 추측성 평가이다. 그런데도 다보하시에 대한 이러한 긍정적 평가는 한국인 학자들에게도 그대로 이어졌다.

이선근은 『조선통치사논고』 서문에서 다보하시의 학위논문 탈락 사례를 거론하며 보기 드물게 정직하고 양심적인 학자였다고 극찬했다.[2] 연갑수는 다보하시가 사료를 충실히 이용하여 가치판단이 들어간 '쇄국' 대신 '배외정책'이란 표현을 사용했다고 높이 평가했고, 왕현종은 다보하시가 갑오개혁의 타율성만을 강조했다고 비판하면서도 학문적 연구의 출발점이었다고 평가하고 있다.[3] 서민교도 청일전쟁 및 일본과 조선 관계

---

1 田川孝三 外, 「선학을 말한다」, 186쪽. 당시 심사위원은 와다 세이, 히라이즈미 기요시, 오구라 신페이(小倉新平)였다.

2 李瑄根, 「復刊の辯」, 『朝鮮統治史論稿』, 成進文化社, 1972.

3 연갑수, 『대원군집권기 부국강병정책 연구』, 서울대학교출판부, 2001, 4~5쪽; 왕현종, 『한국 근대국가의 형성과 갑오개혁』, 역사비평사, 2003, 26쪽.

에 관한 선행 연구에서 다보하시는 사료 구사와 서술의 객관성을 유지한 예외적인 연구였다고 평가했다.[4] 그런데 현재까지도 이러한 한일 양국 학자들의 다보하시에 대한 '양심적' 혹은 '실증적', '객관적'이라는 긍정적 평가는 사실 근대 실증사학이라는 아카데미즘의 보편성에 대한 인식에서 비롯된 것이다.[5] 『근대일선관계의 연구』는 조선총독부의 조선통치상의 참고자료였고, 비공개자료였기 때문에 다보하시로서는 실증적 방법론에 충실하여 사실을 분명하게 썼을 뿐 그가 결코 양심적이고 객관적인 학자였기 때문은 아니었다.

한편 『조선사』 편수에서 다보하시의 역할이나 활동은 기존 연구에서 크게 다루어지지 않았다. 조선사편수회에서 다보하시의 업무를 보좌했던 다가와 고조는 다보하시의 연구 성과가 가능했던 것은 방대한 구 규장각 자료인 경성제국대학 부속도서관 소장자료를 이용했기 때문이라고 지적했다.

강제 병합 이전부터 규장각으로 취합된 조선 도서들과 각종 정부 기록류들은 취조국과 참사관실의 정리작업을 거쳐 최종적으로 경성제국대학 부속도서관으로 이관되었다. 이후 이런 자료들은 경성제국대학 교수들이 독점적으로 활용했으며, 다보하시 역시 경성제국대학 소장자료를 활용했다. 스에마쓰는 다보하시의 박사학위 논문이 조선사편수회의 사료 통사와 같은 작업을 활용한 것이라고 회고했다. 실제로 『근대일선관계의 연구』에서 다보하시는 조선사편수회가 수집한 대마도 문서를 활용했다.

---

4 서민교, 「청일전쟁기 이토 히로부미(伊藤博文) 내각의 조선에 대한 군사·외교정책」, 『일본역사연구』 32집, 일본사학회, 2010, 35쪽.

5 김종준, 「식민사학의 '한국근대사'서술과 '한국병합'인식」, 255쪽.

그리고 경성제국대학 일본사 담당 교수였던 다보하시는 당연히 『조선사』 편수에서도 조선사가 아니라 일본 근대 외교사의 관점에서 한일관계사를 다루었다. 특히 그가 편찬 주임을 맡은 제6편도 대외관계사 사료에 집중되어 있었다.

(2) 구로이타의 수제자, 나카무라와 스에마쓰의 사업 마무리

나카무라와 스에마쓰가 수사관과 수사관보로 부임하여 『조선사』의 편찬·인쇄까지 편수회에서 중추적인 역할을 담당하게 되었는데, 이 둘은 모두 '구로이타 문하의 준재(俊才)'로 구로이타가 수족처럼 부리던 제자들이었다. 그리고 편수회에서 차지하는 위상이 다른 주요 편찬자들과 비교해서도 상당히 높았다. 이마니시는 1932년 사망했고, 1930년대 들어서서 수사관이었던 홍희 및 세노 우마쿠마, 시부에 게이조(澁江桂藏), 가와구치 우키쓰(川口卯橘), 구찬서(具瓚書) 등의 촉탁들이 연달아 사망했으며, 수사관보였던 아키우라 히데오(秋浦秀雄), 다카하시 다쿠지(高橋琢二)와 같은 이들은 다른 곳으로 옮겨갔다. 이에 따라 나카무라와 스에마쓰 이외에도 새로운 인물들이 계속해서 조선사편수회에 충원되었는데, 당연히 제국대학 출신들이었다.

이른바 도쿄제국대학이라는 최고 학부를 졸업한 구로이타의 제자들이자, 일정 기간 역사 전문 기관에서 근무한 경력이 있는 참신한 신세대 전문 연구자들을 투입하여 『조선사』 편수의 실무를 맡겼다. 게다가 입증된 바는 없으나, 오다와 이마니시와 같은 원로급 학자들과의 학문적 견해차나 실무 행정과정에서 불필요한 마찰을 피할 수 있었다고 할 수 있다. 새로운 인물의 기용은 편수회로 조직이 상설화되고 전임직원을 둘 수 있게

되면서 더욱 강화되었다. 나카무라 히데타카와 스에마쓰 야스카즈가 그들이다.

나카무라는 1926년 도쿄제국대학을 졸업하자마자 바로 그해 5월 조선사편수회 촉탁으로 임명되었다. 1927년에는 『조선사』 제4편의 주임이 되었고, 같은 해 12월 총독부 수사관으로 합류한 뒤 1937년 6월까지 조선사편수회 수사관으로 활동했다. 그가 『조선사』 편수에 참여한 1927년은 이제 막 대학을 졸업한 어린 나이였고, 『조선사』의 총괄을 맡은 이나바와는 20년의 나이 차이가 있었지만, 조력자로서 훌륭한 외교적 수완까지 발휘했다고 한다. 그리고 구로이타는 "조선사는 나카무라 히데타카 한 사람으로는 곤란하므로" 스에마쓰에게 조선에 가서 나카무라를 도와주라고 '억지로' 등을 떠밀었다고 한다. 결국 1928년 3월, 스에마쓰도 수사관보로서 『조선사』 편찬에 합류하게 되었다. '구로이타 가쓰미, 나이토 고난－이나바 이와키치－나카무라 히데타카－스에마쓰 야스카즈'로 이어지는 이른바 '구로이타 라인'이 형성되어 1930년대 조선사편수회 사업을 주도하게 된 것이다.

나카무라와 스에마쓰는 비교적 이른 시기부터 조선사편수회에 관여했다. 이들은 『조선사』 편찬을 위한 사료 수집부터 편수와 인쇄까지 편수회에서 중추적인 실질적 역할을 담당했고, 이러한 과정을 거치면서 조선사에 대한 학문적 전문성을 스스로 갖추게 되었다. 특히 나카무라는 『조선사』의 강령(綱領)과 범례(凡例)를 작성하고, 도서 관련 사항을 총괄하며 사료 수집에도 참여하면서 제3편의 후반부와 제4편의 상당 부분의 편찬을 담당했다. 스에마쓰는 나카무라에 대해 "편수회 사업을 주재했던 것은 이나바였지만, 참모로서 사업 진행에 추진력과 같은 역할을 했던 것은 나

〈그림 23〉 나카무라 히데타카(이순신 종손과 충남 아산 사료조사 당시 촬영)
(좌) 조선사편수회 나카무라 히데타카(왼쪽 다섯 번째) 일행이 충무공 종손가 사람들과 함께 찍은 사진. 앞줄의 어린아이는 이응렬, 그 왼쪽은 그의 아버지 이종옥이다.
(우) 조선사편수회 나카무라 히데타카가 이응렬과 함께 가묘(家廟) 앞에서 찍은 사진.
출처: 국사편찬위원회 데이터베이스

카무라였다"라고 하여 편수회에서 나카무라의 핵심 참모로서의 입지를 회고했다.

나카무라의 학문적 관심은 주로 한일관계사에 있었다. 특히 제4편의 제9권과 제10권 부분은 임진왜란과 관련해 종가문서(宗家文書)와 같은 대마도 구입 문서 등을 필두로 상당량의 일본 측 자료를 활용했다. 그 과정에서 그는 1928년 5월 이순신 장군의 종손가를 방문해 사료를 수집했고, 이를 토대로 「이순신 유보」라는 논문을 발표하면서 조선시대, 특히 한일관계사 부분을 집중적으로 연구하기 시작했다.

나카무라의 '항왜(降倭)' 연구는 그 이전까지 일본인 학자들의 견해를 뒤집는 것이었다. 기존 일본인 학자들은 '항왜'의 존재 자체를 인정하지 않았고, 항왜와 관련된 문헌들은 모두 '위서'라고 간주했다. 그러나 나카무라는 자신이 우록동의 김상옥(金相玉)에게서 수집한 '김충선(金忠善)' 관련 문서를 분석해 김충선이 귀화한 일본인으로 실존 인물이었음을 밝혔다. 그리고 김충선 외에도 상당히 많은 수의 '항왜'가 존재했으며, 이들이 거의 김해 김씨로 귀화했음을 실증했다. 이러한 나카무라의 연구 성과들이 모두 조선사편수회 활동을 통해 가능했던 것이다.

스에마쓰 야스카즈는 1924년 사가(佐賀)고등학교를 졸업한 후 도쿄제국대학 문학부 국사학과에 진학해 구로이타 가쓰미로부터 지도를 받았다. 졸업 논문은 에도시대 일본과 러시아의 관계를 다룬 「근세 북방 문제의 진전(近世に於ける北方問題の進展)」으로, 1927년 3월 졸업 후 구로이타의 주선으로 조선총독부 조선사편수회에서 근무하게 되었다.

스에마쓰는 말 그대로 어쩔 수 없이 스승 구로이타의 명령으로 조선에 오게 된 경우이다. 그의 학부 졸업 논문을 보아도 그는 전혀 조선에 대한 관심이 없었다. 스승의 명령을 거역할 수 없어 조선에 온 뒤로도 그는 틈만 나면 일본으로 되돌아가려 했고, 일본에서의 취직 자리를 알아보았다고 한다. 조선사에 관심이 없던 사람들이 『조선사』를 담당하게 된 것이다. 아마도 일본 본국에서의 취직난 등의 이유로 조선사편수회를 택하게 되었다고 할 수 있다. 어쨌든 그는 처음에 이나바 이와키치를 보좌하기 위해 제5편(이씨 조선 중기)에 배정되었다가, 1928년 수사관보에 임명되면서 이마니시가 주임을 맡았던 제1 · 제2편부(신라 통일 이전 및 통일신라)로 이동했다. 이때부터 스에마쓰는 건강이 안 좋은 이마니시를 대신해 실질적으로 신라 이전의 한국 고대사 관련 자료를 집성하고 『조선사』 제1편과 제2편을 편찬했다.

한편 스에마쓰는 1929년 '마운령 진흥왕 순수비'를 현지 답사한 후 「함남 이원군 만덕산에서 발견된 신라 진흥왕의 무자 순수비(咸南利原郡万

德山に發見せられた新羅眞興王の戊子巡狩碑)」(『조선(朝鮮)』 176, 1930)를 썼는데, 이것이 그의 첫 번째 한국사 논문이었다. 1932년 3월에는 『조선사』 제1편 1·2권과 제2편이 간행되었고, 같은 해 5월 제1편 3권의 책임자였던 이마니시가 사망하자 스에마쓰가 대신 마무리하여 1933년 간행되었다. 이렇게 『조선사』의 간행 과정에서 스에마쓰는 "한국 고대사 시기에 대한 나름 대로의 모습이 그려졌다"고 스스로 회고한 것처럼 사료를 접하고, 편수하는 훈련 과정을 통해 한국 고대사를 자신의 전공 분야로 삼게 되었다.

스에마쓰는 1933년에는 경성제국대학 법문학부 강사로 강의를 하게 되었고, 구로이타의 추천으로 이와나미(岩波) 서점에서 대대적으로 기획한 '일본역사' 중 임나일본부와 낙랑군 관련 고대 한일관계사 부분 집필자로 선정되었다. 1935년 4월에는 조선총독부 수사관, 6월에는 경성제국대학 조교수가 되었고, 1937년 3월에는 『조선사』 제5편 10권(광해군~정조)을 간행했다. 1939년에는 경성제국대학 교수로 승진해 1945년 일본으로 귀국할 때까지 식민지 관학 아카데미즘의 정점에서 안정적으로 최고의 학문적 권위를 누렸다. 또한 조선사편수회 활동을 통한 수월한 자료 접근성 등을 바탕으로, 특히 1944년부터 45년까지의 '상대·임나사', '일선관계사' 강의를 통한 전문성의 확보로 『임나흥망사(任那興亡史)』(1949)를 집필할 수 있었다.

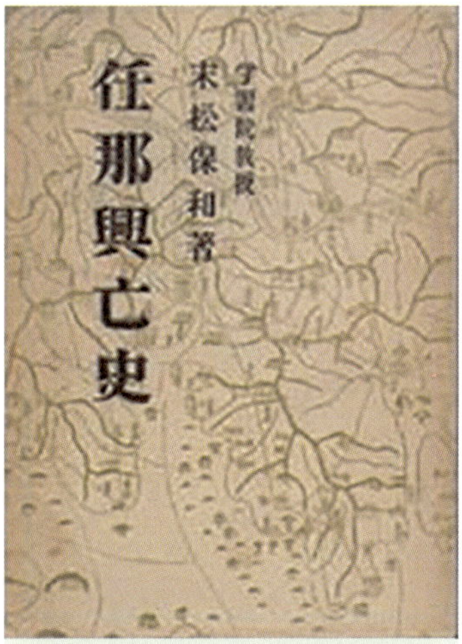

〈그림 24〉 末松保和, 『任那興亡史』, 大八州出版, 1949.
출처: 경남도민일보, 2024. 10. 28.

3) 단군, 기자 조선을 둘러싼 한일 학자들 간의 갈등

1919년 3·1운동으로 조선인의 민족의식이 크게 고양되었고, 단군신화가 조선 민족 운동의 상징으로 부각되자 일본 역사가들은 대부분 이를 맹렬히 비판했다. 이 시기에는 조선인들이 사료조사만을 담당하던 『조선반도사』 편찬 때와는 달리 조선사편찬위원회에서 '위원' 자격으로 참여하고 있었으므로, '단군 조선' 문제에 대해 적극적으로 목소리를 내기 시작했다.

제1회 조선사편찬위원회 회의에서부터 조선인 위원들은 단군과 발해의 기록을 수록해야 한다고 주장했다. 먼저 정만조가 삼국 이전이라는 시기 구분에 단군 조선까지 포함되는 것으로 이해해도 되는지를 질문했다. 어윤적도 단군과 기자를 삼국 앞에 수록하는 것이 무방한지를 다시 한번 문의했다. 어윤적은 1915년 출간한 저서 『동사연표』에서 단군을 우리 역사의 출발점으로 쓰고, 관련 참고 자료까지 인용한 바 있었다. 이능화도 『삼국유사』를 근거로 건국 신화는 꼭 수록해야 하며, 기자에 비해 경시되어 온 단군을 같은 비중으로 취급할 것을 주장했다가 아리요시로부터 주의를 받기도 했다.

정만조, 어윤적, 이능화 등 조선인 위원들이 과연 자신의 학문적 의지와 주관에 따라 민족의 시조인 단군을 수록하자고 주장한 것인지, 3·1운동 이후 고조된 민족주의 분위기 속에 자신들의 식민지 정책에 대한 협조적 행위에 대한 면피용으로 자신들의 발언을 회의록에 근거로 남기고자 한 의도적 행동이었는지는 알 수는 없으나, 단군을 기록하려 한 노력은 있었다고 할 것이다.

『조선사』 제1편은 신라 통일 이전까지 원사료를 직접 게재하여 편찬했는데, 이는 원사료의 양이 적었기 때문에 가능했다. 또한 제1편은 편년체로 정리하여 제1권(조선 사료), 제2권(일본 사료), 제3권(중국 사료)로 나누어 편찬했다. 국가별로 편찬한 이유에 대해 조선사편수회는 한 · 중 · 일의 사료의 연도가 일치하지 않았기 때문이라고 설명했으나, 사실 단군 관련 기사를 제외하려는 의도였다.

구로이타는 「편찬강령」에서 '삼국 이전'이라는 모호한 시기 구분을 제시하여 처음부터 단군을 배제하려 했다. 구로이타는 단군과 기자에 대해서는 사람마다 견해가 다르므로 위원들 간에 의견이 다를 경우 그 모든 의견들을 함께 기술하겠다고 애매하게 논의를 빗겨나갔다. 또 단군과 기자는 역사적 실존 인물이 아니라 신화 속 인물로, 사상적 · 신앙적 측면에서 연구해야 할 대상이지 편년사에 넣기는 어렵다고 주장했다. 그러나 구로이타는 『고사기』나 『일본서기』에 나오는 일본 고대 신화는 그대로 인정하는 이중적 태도를 보였다. 당시 고대사의 권위자였던 이마니시가 유학으로 부재중임을 핑계로 단군 문제를 아예 논의에서 제외하려 했다.

이마니시는 유학에서 돌아와 『조선사』 제1 · 2편의 주임을 맡았고, 이마니시도 당연히 단군을 실을 수 없다고 단언했다. 이마니시는 단군이라는 칭호와 설화가 고려 중기 이후에 만들어진 것이기 때문에 단군 관련 기사를 편년체 『조선사』의 첫 부분에 기재할 수 없다고 했다. 이는 이미 그가 『조선반도사』 집필 때도 단군을 배제한 데에서 알 수 있다. 그는 『삼국사기』의 기년 가운데 고구려에서는 소수림왕(371~384), 백제에서는 계왕(契王, 344~346) 무렵, 신라에서는 소지왕(479~500) 이전의 기록은 신빙성이 없다고 보았다.

한편, 1930년 8월 조선사편수회 제4차 위원회에서 최남선은 제1편에서 한반도와 밀접한 관계를 맺었던 민족으로 조선 역사의 기원을 밝히는 데 중요한 숙신(肅愼)과 발해를 어떻게 기재해야 하는지에 대해 질문했다. 이에 대해 이마니시는 제1편은 영토가 아니라 민족을 중심으로 편찬한다고 이야기하면서 숙신은 연대 문제상 역사학에서 취급하기보다는 인류학·민족학의 연구 범위이며, 발해도 조선사와 관계가 없기 때문에 생략한다고 답변했다. 이마니시는 고구려사로 대변되는 북방의 역사를 한반도의 역사에서 제외하고, 한반도 남부의 한(韓)족의 역사를 중심으로 한국사를 설정했다. 즉, 『삼국사기』에 근거해 한국사의 시작을 신라 건국 이후로 잡았다. 이에 따라 『조선사』 제1편은 '신라시조 혁거세 거서간 원년'의 『삼국사기』 기사로 시작했다. 단군 관련 기사는 고구려 건국과 관련된 동명왕 기사 다음에 등장한다. 제2편의 신라통일 시대에도 발해에 대해서는 한 번도 언급하지 않았다.

이마니시는 『조선사』 제1·2편을 다 끝내지 못한 채 1932년 5월 갑자기 사망했다. 당시까지 발간된 『조선사』는 이마니시가 편찬을 책임진 제1편 1·2권과 제2편 1권이었다. 최남선은 이마니시가 죽은 뒤 1934년 7월 제8회 위원회에서도 단군과 기자의 중요성을 언급하며, 제1편에 할주(割註: 본문 사이에 잘게 단 주)나 두주(頭註: 본문 위에 적은 주) 형식으로만 기재된 것에 대해 불만을 표시했다. 정편이나 보편(補篇)으로 단군과 기자에 관해 편찬하자고 제안했으나, 이나바는 편찬 방침으로 '편년체' 형식을 정했는데, 단군 관련 기사는 그 연대가 불명확하여 어느 시기에도 특정하여 넣을 수 없다고 반대했다. 편년체 편찬 방식은 일본 학자들에게는 '단군' 조선을 배제하기 위한 가장 확실한 원론적 방패막이었던 셈이다.

실제로 이마니시를 포함한 대부분의 일본 학자들은 단군신화를 부정하고, '기자조선'과 '위만조선'을 중국인의 국가로 인식했다. 다만 그 영토가 한반도 서북부를 포함하고 있었으므로, '조선반도'의 역사인 '조선사'에 포함된다고 이해했다.

한편 하타다의 연구에 따르면 이나바는 단군신화를 "일본의 지배에 대한 반대의 표현으로 보아 경계하며, 그 주장으로 일본의 일원이라는 이념을 가질 수 없게 된다"라고 우려했다. 그리고 단군신화를 "독립 소요의 창이(瘡痍: 부스럼, 상처)"라고 하여 위험시하고, 그것을 깨기 위해 만선일체론이나 만선불가분론을 역설하며, 당시 민족운동에 찬물을 끼얹었다고 한다.

그러나 이나바의 단군신화에 대한 인식은 하타다의 지적과는 달리 아주 호의적이었다는 의견도 있다. 이나바는 단군신화가 그 발상지를 조선반도의 남부가 아닌 "여진의 태백산(長白山)"에서 찾고 있는 것을 들고 단군신화의 발전이야말로 "만선일체를 뒷받침하고도 남을 것이다"라는 해석을 제시했다. 이나바는 조선인들이 단군신화로 기자전설에서 벗어나고, 중국 숭배에서 벗어나고 있다고 평가했다. 또한 태백산에 강림하여 부여계 시조인 주몽의 아버지라고 일컫는 단군은 만선사에서 실로 안성맞춤인 존재라는 점에서 단군신화 자체를 매우 긍정적으로 받아들였다. 그러나 단군을 편년체 사료집인 『조선사』에 실는 것은 별개의 문제였던 것 같다.

최남선은 단군과 기자에 관해서는 역사적 사실 여부를 떠나 그 사상적 신앙적 발전을 별편으로 편찬하자고 다시 강하게 주장했다. 그러나 구로이타까지 나서서 단군은 역사적 인물이 아님을 강조했다. 일본 근대 역사학의 문헌사료학의 대가인 구로이타는 스스로 천황주의자로서 천황의 신화는 인정하면서도 조선의 단군 신화는 편년사에서 쓸 수 없다고 단언했다.

최남선은 다시 한번 단군과 기자는 역사적 실제에 방점을 두기보다, 조선 사람들이 그것을 역사적 사실로 인식해 왔다는 점에 주목해야 한다고 강조했다. 따라서 이를 기록하지 않는다면 조선인들은 『조선사』를 신뢰하지 않을 것이며, 읽지도 않을 것이라고까지 이의를 제기했다. 그러나 역시 이번에도 이나바는 편년사에서 기록이 불가함을 주장하면서 그 근거로서 『조선사』 제1편 제1권의 조선의 기본 사료로 채택된 『삼국사기』에 단군 관련 기사가 전혀 없음을 내세웠다.

오다 쇼고는 별편으로 편찬하자는 최남선의 제안에 동의하였으나, 이번에는 오히려 이능화가 반대했다. 이능화는 근거 사료가 부족함을 내세웠다. 그러면서 오히려 이나바가 고려시대 백문보(白文寶)가 단군 연대에 관해 상소한 항이나 단군 제사에 대해 논의한 조선시대 세종의 항에 수록하자고 하자, 이에 동의했다.

단군 논쟁은 결국 1935년 제9회 위원회에 가서 고려 공민왕 24년 우왕 원년 조의 백문보 항에 단군에 관한 문헌을 채록하는 것으로 결정되었다. 1923년 제1회 조선사편찬위원회 회의에서 제기된 단군 문제가 결국 조선사편수회 마지막 회의인 1935년 제9회 회의 때 가서야 겨우 고려 공민왕 때 관련 문헌을 싣는 정도로 마무리된 것이다. 맹렬한 민족적 비난을 감수하면서까지 조선사편수회에 참여했던 최남선은 단군 수록 문제만큼은 반드시 실어야 한다고 집요하게 주장했다.

맺음말

보여주고 싶은 역사만 보여준 『조선사』, 어떻게 볼 것인가?

『조선사』 편찬의 의도와 목적을 단순히 조선총독부가 국책사업으로 진행한 식민지 역사 편찬 사업이었다고 해서 침략과 식민 지배를 합리화했다고 단정짓기는 어렵다. 그럼에도 불구하고, 보여주고 싶은 것만 보여주고, 드러내고 싶은 것만 드러내려는 편찬자의 의도와 목적이 반영된 사료 편수 작업임을 반증하는 몇 가지 사례가 있다.

예를 들어 나카무라가 조선사편수회 편수관으로 참여하면서 조선시대 한일 관계, 특히 왜구와 임진왜란 부분을 어떻게 바라보고, 자신의 역사 인식을 『조선사』 편수에 반영했는지를 보자. 『고려사』를 읽으면, 왜구는 남조의 무사였다는 부분이 나오고, 고려말 왜구의 실체가 무로마치 막부에 반란을 일으킨 난신들로 쓰시마와 이키 등의 섬을 근거로 고려에 침략했다는 사실이 잘 드러난다. 그런데 나카무라는 왜구의 실체를 언급하면서도 '남조 수군설'의 근거가 될 만한 사료는 전혀 인용하지 않고, 고

〈그림 25〉 왜구가 약탈하는 그림

출처: 東京大 사료편찬실

의적으로 은폐했다. 그 이유는 즉 '남조 무사 = 천황에 충성을 다한 군대'라는 사회적 통념이 확고한 상황에서 만약 왜구가 남조의 무사들이었다고 하면, 천황의 군대가 고려와 중국으로 건너가 약탈과 살인, 방화, 납치, 강간 등의 끔찍한 범죄를 저지른 패륜 집단이 되기 때문이다. 그래서 나카무라는 고려 말 왜구의 실체를 일본 국내 정세와는 무관한 단순한 무역과 경제 문제로만 국한해서 설명했다. 그리고 이 연구는 전후 일본인 연구자들에게도 계승되어 한동안 그 실체가 왜곡된 채 단순 도적떼 집단으로 인식되었다.

다음은 나카무라의 조선사편수회 편수관 시절 임진왜란에 대한 연구이다. 그는 도요토미 히데요시에 대해 도요토미가 조선 정벌을 계획한 것은 1585년 경부터로 1591년 아들 쓰루마쓰(鶴松)가 사망하자 바로 실행에 옮겼다고 설명했다. 그러면서 전쟁의 원인을 '불후의 대사업을 이룩하여 명성을 드높이고, 그 명성을 후세에 전하려는 공명심' 때문이었고, 이는 원의 세조(쿠빌라이)와 비슷하다고 보았다. 나카무라는 이후 1939년 발표한 「분로쿠(文禄)·게이초(慶長)의 역(役)」[『대일본전사(大日本戰史)』 3, 산쿄쇼인(三教書院)]에서도 히데요시를 "불세출의 영걸"이며, 임진왜란은 "국내 통일 후 명을 정복하고, 마침내 동양을 일체로 하는 하나의 대평화권을 건설하여, 대륙에 황화(皇化)를 보급하려는 대이상(大理想)을 갖고 일으킨 전쟁"이라고 극찬했다. 또한 히데요시는 '무로마치시대와 전국시대의 시련을 거쳐 오다 노부나가(織田信長) 이래 추구해 온 황실 존숭이라는 시대정신을 발양'한 인물이라고 추앙했다. 그러면서 "명을 비롯하여 필리핀, 류큐, 타이완, 조선을 하나로 만드는 것"을 궁극적 희망으로 한 히데요시를 영웅으로 평가했다.

나카무라의 이러한 견해는 1945년 이후에도 유지되었다. 그는 「도요토미 히데요시의 외정(豊臣秀吉の外征)」[『일선관계사의 연구(日鮮關係史の研究)』 중권(中卷), 요시카와코분칸(吉川弘文館), 1969]에서 "이 대계획, 대륙 침략 계획의 주안은 아시아 제지역을 통일하여 베이징 천도를 결행하고 정화(政化)의 보급을 도모, 남방 해상의 경영을 추진하는 것에 있다. 히데요시는 이 대사업을 성취하여 공명을 얻고 그 명예를 만대에 전하려 했던 것이다"라고 하였다. 또 「히데요시의 조선 출병의 의도는 어디에서 찾을 수 있는가(秀吉の朝鮮出兵の意圖はどこに求められるか)」[『해외외교사의 시점(海外外交史の視點)』 2, 니혼쇼세키(日本書籍), 1976]에서도 "정권 확립을 위해 지배계급의 강화를 대외적 확대를 통해 구하고, 동아시아 정복을 통해 해결하려"했다고 하여 임진왜란의 최종 목표는 명까지의 영토 확장이었고, 동아시아 국가들의 완전한 복종이었다고 하면서 히데요시를 영웅화하고, 침략 전쟁을 극구 정당화했다. 나카무라는 임진왜란

의 원인을 설명하면서 영웅주의에 입각한 '공명심설'과 '영토확장설'을 주장했다. 그러나 특히 단순한 "아시아 제 지역을 통일하여 베이징 천도를 결행하고 정화의 보급을 도모, 남방 해상의 경영을 추진하는 것"이란 주장은 일본의 '대동아경영권'을 연상하게 하고, 황국사관의 전형적인 인식체계를 보여준다고 할 것이다. 패전 이후 일본의 조선학 연구, 특히 한일관계사를 주도해 온 그의 연구가 실증성을 바탕으로 한 연구인 듯하나, 사실은 국가주의적 역사 인식의 논리가 그대로 투영되어 있었다고 할 것이다.

또 강문마다 수많은 근거 사료를 제시하고 있는 『조선사』 제6편 제4권은 언뜻 보면 『조선사』가 엄정한 고증을 거친 객관적인 사료 편찬인 것처럼 보이게 한다. 그러나 어떤 의도와 목적을 가지고 왜 그 사료를 선택했는지, 또 어떻게 배치했는지는 해당 역사 사실을 구체적으로 대조해 본 후에야 객관성을 평가할 수 있다. 사료를 나열했을 뿐 날짜순으로 편찬한 것도 아니기 때문이다. 『조선사』 강문 아래 근거로 제시된 수많은 사료들이 강문에서 언급된 사실을 정확히 뒷받침하는지도 사료 원문이 실린 『고본조선사』와 일일이 대조해 봐야 알 수 있다. 그러나 이 방대한 작업을 아직 그 누구도 시도하지 못하고 있다. 따라서 『조선사』의 실증성이나 객관성, 혹은 왜곡의 정도는 아직까지도 말 그대로 심증일 뿐이지, 정확히 입증하기가 힘들다. 다만 『조선사』 제6편 제4권이 주로 대외관계에 편중되고, 주로 일본 측 자료를 다수 활용하였다는 점에서 조선의 역사를 일본의 대외 관계사로 전락시켰음은 분명하다.

역사서가 많은 사료들을 인용하고 있다고 하여 그것이 공정성과 객관성을 담보하지는 않는다. 어떤 사료들을 인용했는지, 강문을 인용한 사료들을 제대로 반영하고 있는지 건별로 모두 확인하는 장대한 작업이 필요하다. 때문에 아직까지도 우리가 『조선사』에 대해 단정적으로 그 편향성과 식민성을 섣불리 규정짓기 어려운 부분이 있는 것이다. 하지만 그럼에도 불구하고 반드시 짚고 넘어가야 할 점은 객관적이고 실증적인 역사학 연구를 추구한다는 근대 역사학의 실증주의는 그 전제 조건이 대체 그 '사실적'인 것의 판단 기준이 무엇인가이다. 그 '사실적'인 것이 과연 실제의 사실인가. 헤이든 화이트(Hayden White, 1928~2018)는 1830년대부터 1870년대 나타난 유럽 역사 서술의 특징을 "역사가의 수만큼이나 다양한 종류의 사실주의를 만들어 낼 뿐"이었으며, 결과적으로 같은 사건에 대해 서로 다른 이해가 병존함에 따라 역사학이 주장하는 객관성이나 사실주의에 대한 신뢰가 무너져 역사주의의 위기를 초래했다고 설명했다. 실증을 내세운 자의적·선택적 실증인 만큼 역사가마다 다양한 사실주의가 나왔던 것이다. 그렇다면 식민지 권력이 내세운 근대 실증주의 역사학의 의도된 사실주의 역시 검증이 필요한 것이다.

한편 『조선사』의 책 이름도 의문점이 있다. 이 책은 통사가 아니다. 그런데도 책의 제목을 보면, 통사처럼 보인다. 원사료를 남기는 경우의 책의 명칭은 『○○○사료(史料)』로 사료집이라는 점을 드러냈고, 핵심 줄거리를 적고 전거 인용한 역사서의 명칭을 적은 경우의 책이름은 '종합해서 본다'는 『○○종람(綜覽)』이나 '핵심 줄거리를 요약했다'는 『○○강요(綱要)』이다. 같은 기준이라면 『조선사』는 『조선사료(朝鮮史料)』나 『조선사료종람(朝鮮史料綜覽)』 또는 『조선사료강요(朝鮮史料綱要)』가 되어야 할 것이다. 『조선사』라는 책이름이라면 그것은 사료집 형태가 아니라 서술형 통사가 되어야 할 것이다. 그런데 사료집 형태를 취했으면서도 『조선사』라고 이름지었다. 이것은 서술형 통사를 저술할 능력이 없었거나, 또는 식민 지배를 합리화하는 『조선사』를 편찬했을 때 생길 수밖에 없는 '조선인'의 저항이 예상되는 상황에서 어쩔 수 없이 택한 선택이라고 할 수 있다. 사료집이면서도 서술형 통사처럼 보이게 『조선사』라고 명명한 것이다. 역사학·사료학의 관점에서 전혀 맞지 않는 서명을 택한 것은 결국 『조선사』 편찬의 출발 자체가 식민 통치의 일환이라는 정치적인 목적을 위해 시작되었다는 점을 잘 보여준다.

조선사편수회의 『조선사』 편찬 작업을 이렇게 비유하는 것이 적절한지는 모르겠지만, '썩은 물고기 요리'에 견줄 수 있을 것 같다. 아무리 솜씨가 뛰어난 최고의 요리사, 요즘 기준으로 미슐랭 3스타급 요리사라 하더라도 썩은 물고기를 주면서 "당신은 최고의 요리사이니, 갖은 양념과 좋은 요리도구를 가지고 요리를 해 보시오" 해도 이미 재료 자체가 썩었으니 그 요리는 먹을 수 없다. 반면 갓 잡은 싱싱한 물고기를 라면밖에 못 끓이는 요리 초보자에게 조리를 해 보아라 했을 경우, 소금만 뿌려 구워도 너무나 재료가 우수하니, 당연히 맛있는 생선 요리가 될 수 있다.

이 『조선사』가 바로 그런 경우가 아닐까? 『조선사』에서 취사선택된 사료로 역사 연구를 하게 되면 우리 민족의 뿌리인 단군부터 잘라내 민족의 출발은 중국의 기자와 위만에 예속된 역사로 시작되고, 늘 대륙의 침략과 속박을 받았으며, 당쟁과 정치적 부패, 외척이 발호 속에 정체된 역사로밖에는 그려질 수밖에 없다.

필자가 석사 과정을 하던 1990년대 초반에도 5~10년 정도 위의 선배들, 특히 조선시대 전공 선배들은 『조선사』를 참고해 공부했다고 한다. 색인집으로서 매우 편리했기 때문이다. 『조선왕조실록』은 1971년 민족문화추진회(현 한국고전번역원)에서 번역에 착수해 1993년에서야 완료되었고, 현재 한국고전번역원에서 2026년까지 완역을 목표로 재번역 작업을 진행 중이다. 따라서 필자의 선배들이 공부하던 시기에는 번역이 완간되지 않았고, 지금처럼 컴퓨터로 간단히 검색만 해도 원문과 번역이 한 번에 나오는 시절이 아니었다. 직접 학교 중앙도서관에 가야 했고, 방대하고 비싼 실록 영인본은 관외 대출도 불가능했다. 관내 열람으로 빽빽한 한자를 하루 종일 씨름하며 해독해도 실록 몇 장을 읽어내기조차 힘들었다고 한다. 당연히 시간이 급하고, 한문 해독 능력이 출중하지 못했던 대학원생들은 『조선사』에 의지할 수밖에 없었다. 이러한 상황은 1980년대 일본인 조선사 연구자들도 마찬가지였다. 일본인 연구자들도 『조선사』에 의지해 『조선왕조실록』을 읽으며 많은 도움을 받았다고 한다.

이것이 바로 근대 지식을 국가 권력 혹은 지배 권력이 장악하는 근대 지식 권력이다. 특히 그것은 '식민지 근대 지식 권력'이었으며, 식민지 권력은 식민지의 역사와 문화, 정신까지 장악하여 오래된 역사는 물론 현재와 미래의 역사도 의도하는 대로 그려낼 수 있었다. 또한 "조선사편수회의 『조선사』, 조선 역사를 어떻게 그려냈는가?"라는 질문에 대한 하나의 대답이 될 수 있지 않을까 하는 조심스러운 결론을 내려본다.

참고문헌

- 金性玟, 「朝鮮史編修會의 組織과 運用」, 『한국민족운동사연구』 3, 한국민족운동사연구회, 1989.
- 金容燮, 「日本 · 韓國에 있어서 韓國史敍述」, 『歷史學報』 31, 1966.
- 나가하라 게이지 지음, 하종문 옮김, 『20세기 일본의 역사학』, 삼천리, 2011.
- 도면회, 윤해동 엮음, 『역사학의 세기 : 20세기 한국과 일본의 역사학』, 휴머니스트, 2009.
- 박걸순, 『식민지 시기의 역사학과 역사인식』, 경인문화사, 2004.
- 박성수, 「편년사료의 문제점과 극복을 위한 제안-조선사편수회 편 『朝鮮史』를 중심으로-」, 『한국학 편년사료대계』, 한국정신문화연구원, 1997.
- 박준형, 『제국 일본의 동아시아 공간 재편과 만철조사부』-일제 식민사학 비판 총서 4, 사회평론아카데미, 2022.
- 박찬흥, 「『朝鮮史』(朝鮮史編修會編)의 편찬체제와 성격-제1편 제1권(朝鮮史料)를 중심으로, 『史學硏究』 99, 2010.
- 李萬烈, 「日帝官學者들의 植民史觀」, 『月刊讀書生活』 1976년 6월호.
- 이만열, 『韓國의 歷史認識(下)』, 創作과 批評社, 1976.
- 李成市, 「黑板勝美를 통해 본 식민지와 역사학」, 『韓國史學』 23, 1999.
- 이성시 지음 · 박경희 옮김, 『만들어진 고대』, 삼인, 2001.
- 李成市, 「コロニアリズムと近代歷史學-植民地統治下の朝鮮史編修と古蹟調査を中心に」, 『植民地主義と歷史學』, 刀水書房, 2004.
- 서영희, 『조선총독부의 조선사 자료수집과 역사편찬』-일제 식민사학 비판 총서5, 사회평론아카데미, 2022.
- 송완범, 「식민지 조선의 黑板勝美와 修史사업의 실상과 허상」, 『東北亞歷史論叢』 26, 2009.
- 箱石大, 「近代日本史料學と朝鮮總督府の朝鮮史編纂事業」, 『前近代の日本列島と朝鮮半島』, 山川出版社, 2007.

- 스테판 다나카, 박영재 역, 『일본 동양학의 구조』, 문학과 지성사, 2004.
- 시라토리 구라키치 외 8명, 신종원 외 5명 번역, 『일본인들의 단군연구-동북아역사 총서 7』, 한국학중앙연구원, 2005.
- 永島廣紀, 「日本統治期の朝鮮における〈史學〉と〈史料〉の位相」, 『歷史學硏究』 795, 2004.
- 신주백, 『한국 역사학의 기원』, 휴머니스트, 2016.
- 이순자, 『일제강점기 조선고적조사사업 연구』, 경인문화사, 2009.
- 장신, 「조선총독부의 조선반도사 편찬사업 연구」, 『동북아역사논총』 23, 동북아역사재단, 2009.
- 정상우, 『조선총독부의 역사 편찬 사업과 조선사편수회』, 아연출판부, 2018.
- 정상우, 「조선총독부의 『조선사』 편찬사업」, 서울대학교 국사학과 박사학위논문, 2011.
- ______, 「稻葉岩吉의 '滿鮮史'체계와 '朝鮮'의 재구성」, 『역사교육』 116호, 역사교육연구회, 2010.
- ______, 「『朝鮮史』(朝鮮史編修會 간행)의 편찬과 사건 선별 기준에 대하여 -『조선사』 제4·5·6편을 중심으로-」, 『사학연구』 107, 한국사학회, 2012.
- ______, 「滿鮮史와 日本史의 위상-稻葉岩吉의 연구를 중심으로-」, 『한국사학사학보』 28, 한국사학사학회, 2013.
- ______, 「『朝鮮史(朝鮮史編修會 간행)』 편찬사업 전후 일본인 연구자들의 갈등 양상과 새로운 연구자의 등장」, 『사학연구』 116, 한국사학회, 2014.
- ______, 「'근대 역사학'으로서의 '만선사'-이나바 이와키치(稻葉岩吉)의 연구 과정을 중심으로」, 『식민주의 역사학과 제국-탈식민주의 역사학 연구를 위하여』, 책과 함께, 2016.
- ______, 「일제 하 일본인 학자들의 한국사에 대한 通史的 이해-1930년대 중반의 저작들을 중심으로」, 『역사와 현실』 104, 한국역사연구회, 2017.
- ______, 「식민지기 일본인 연구자들의 고대 한일관계사 연구 경향-이마니시 류(今西

龍)와 스에마쓰 야스카즈(末松保和)의 논의를 중심으로」, 『한국문화』 87, 서울대학교 규장각한국학연구원, 2019.

• 하지연, 「한말 · 일제 강점기 菊池謙讓의 문화적 식민활동과 한국관」, 『동북아역사논총』 21호, 동북아역사재단, 2008.

• ______, 「오다 쇼고(小田省吳)의 한국근대사 연구와 식민사학」, 『한국근현대사연구』 63집, 한국근현대사학회, 2012.

• ______, 「다보하시 기요시(田保橋 潔)의 『근대일선관계의 연구』와 한국근대사 인식」, 『숭실사학』 31집, 숭실사학회, 2013.

• ______, 『식민사학과 한국근대사』, 지식산업사, 2015.

• ______, 『기쿠치 겐조, 한국사를 유린하다』, 지식산업사, 2015.

• ______, 『일제의 식민주의 역사학』, 동북아역사재단, 2023.

• 中村榮孝, 「朝鮮史の編修と朝鮮史料の蒐集-朝鮮總督府朝鮮史編修會の事業-」, 『古文化の保存と研究-黑板博士の業績を中心として-』, 黑板博士記念會, 1953.

• ______, 『日鮮關係史の研究』下, 吉川弘文館, 1969.

• ______, 「朝鮮史と私」, 『日本歷史』 400, 1981.

• 末松保和 · 幼方直吉 · 旗田巍 · 武田幸男 · 宮田節子, 「《シンポジウム》日本における朝鮮研究の蓄積をいかに継承するか(6)-朝鮮史編修會の事業を中心に」, 『朝鮮研究月報』 14, 日本朝鮮研究所, 1963年 2月, 1963.

• 旗田巍 編, 『シンポジウム 日本と朝鮮』, 勁草書房, 1969.

찾아보기

• ㅇ •

• ㅈ •

• ㅊ •

• ㅎ •

일제침탈사 바로알기 37
조선사편수회의 『조선사』, 조선 역사를 어떻게 그려냈는가

초판 1쇄 발행 2025년 12월 15일

지은이 하지연
펴낸이 박지향
펴낸곳 동북아역사재단

등 록 제312-2004-050호(2004년 10월 18일)
주 소 서울시 서대문구 통일로 81 NH농협생명빌딩
전 화 02-2012-6065
홈페이지 www.nahf.or.kr
제작·인쇄 (주)동국문화

ISBN 979-11-7161-253-6 (04910)
978-89-6187-482-3 (세트)